二十四史中的立德与修身

汤月娥 著

中国言实出版社

图书在版编目(CIP)数据

二十四史中的立德与修身 / 汤月娥著. -- 北京：中国言实出版社，2022.11
ISBN 978-7-5171-4275-1

Ⅰ.①二… Ⅱ.①汤… Ⅲ.①二十四史-研究②个人-修养-研究 Ⅳ.①K204.1②B825

中国版本图书馆CIP数据核字（2022）第153658号

二十四史中的立德与修身

责任编辑：宫媛媛
责任校对：郭江妮

出版发行：中国言实出版社
地　　址：北京市朝阳区北苑路180号加利大厦5号楼105室
邮　　编：100101
编辑部：北京市海淀区花园路6号院B座6层
邮　　编：100088
电　　话：010-64924853（总编室）　010-64924716（发行部）
网　　址：www.zgyscbs.cn　电子邮箱：zgyscbs@263.net

经　　销：新华书店
印　　刷：北京温林源印刷有限公司
版　　次：2024年1月第1版　2024年1月第1次印刷
规　　格：880毫米×1230毫米　1/32　8.625印张
字　　数：200千字

定　　价：52.00元
书　　号：ISBN 978-7-5171-4275-1

引 言

党的二十大报告指出,"五年来,我们党团结带领人民,攻克了许多长期没有解决的难题,办成了许多事关长远的大事要事,推动党和国家事业取得举世瞩目的重大成就"。面对新时代、新挑战、新征程,我们党清醒地意识到,必须要与时俱进地提出和落实新时代党的建设总要求,突出政治标准选贤任能,建设一支忠诚干净担当的高素质干部队伍,为党和人民的伟大事业保驾护航,确保党和人民赋予的权力始终用来为人民谋幸福。这不仅事关党的执政地位与执政能力,还关系到我们党能否把新时代中国特色社会主义不断推向前进,全面实现第二个百年奋斗目标,迎来中华民族伟大复兴。在党的十九大报告中,习近平总书记旗帜鲜明地要求全党上下要深刻认识到我们党在目前所面临的"执政考验、改革开放考验、市场经济考验、外部环境考验的长期性和复杂性",以及"精神懈怠危险、能力不足危险、脱离群众危险、消极腐败危险的尖锐性和严峻性,坚持问题导向,保持战略定力,推动全面从严治党向纵深发展"。在党的二十大报告中,习近平总书记强调在我们深入推进全面从严治党的进程中,"经过不懈努力,党找到了自我革命这一跳出治乱兴衰历史周期率的第二个答案,自我净化、自我完善、自我革新、自我提高能力显著增强,管党治党宽松软状况得到根本扭转,风清气正的党内政治生态不断形成和发展,确保党永远不变质、不变色、不变味"。

历史是最好的老师。落实新时代党的建设总要求,既要立足于当下中国特色社会主义现代化建设的伟大实践,又要从中华优秀传统文化中汲取丰厚的滋养。习近平总书记在党的二十大报告中特别强调:"只有把马克思主义基本原理同中国具体实际相结合、同中华优秀传统文化相结合,坚持运用辩证唯物主义和历史唯物主义,才能正确回答时代和实践提出的重大问题,才能始终保持马克思主义的蓬勃生机和旺盛活力。"马克思主义传入中国后之所以能扎根中国大地,开花结果,就是因为它是同我国传承了几千年的优秀历史文化和广大人民日用而不觉的价值观念相融通的,习近平新时代中国特色社会主义思想是坚持"两个结合"、勇于推进理论创新的典范。

"求木之长者,必固其根本;欲流之远者,必浚其泉源。"中华优秀传统文化的丰富哲学思想、人文精神、教化思想、道德理念等,可以为人们认识和改造世界提供有益启迪,可以为治国理政提供有益启示，也可以为新时代党的建设提供有益启发。尽管传统官德与新时代政德有着本质的不同，但就两者所集中体现的为官从政要重视和提高自身德行、利国利民这一共同点来看，新时代党员自身思想道德修养和党性修养，完全可以且非常有必要向古人求经验、借智慧，通过汲取古代官德思想的丰厚资源，服务于新时代党的建设新的伟大工程。中华优秀传统文化作为国家和民族的精神血脉，体现了中华民族几千年来积累的知识智慧和理性思辨，蕴藏着解决当代中国乃至世界面临的难题的重要启示。中国共产党和中国人民在过去的一百年赢得了伟大胜利和荣光，离不开对中华优秀传统文化这个宝贵资源的挖掘和利用。

习近平总书记在党的二十大报告中指出，"我们必须坚定历史自信、文化自信，坚持古为今用、推陈出新，把马克思主义思想精髓同中华优秀传统文化精华贯通起来、同人民群众日用而不觉的共同价值观念融通起来"。我们不仅要做到学史明理、学史增信、学史崇德、学史力行，更要时刻保持解决大党独有的难题的清醒和坚定，坚持德才兼备、以德为先、五湖四海、任人唯贤，使我们党坚守初心使命，始终成为中国特色社会主义事业的坚强领导核心，不断发挥中华优秀传统文化的突出优势，中国共产党和中国人民也必将在新时代新征程上为实现第二个百年奋斗目标、实现中华民族伟大复兴的中国梦而夺取新的胜利和荣光。

目录

001 / 毋不有功于民，勤力乃事。
　　　——史料出处：《史记·殷本纪》

006 / 先王燿德不观兵。
　　　——史料出处：《史记·周本纪》

010 / 慎无以国骄人。
　　　——史料出处：《史记·鲁周公世家》

014 / 能修其道，纲而纪之，统而理之。
　　　——史料出处：《史记·孔子世家》

019 / 恃德者昌，恃力者亡。
　　　——史料出处：《史记·商君列传》

024 / 偏听生奸，独任成乱。
　　　——史料出处：《史记·鲁仲连邹阳列传》

028 / 不好学问大道，触情忘行，不祥。
——史料出处：《汉书·淮南衡山济北王传》

033 / 动民以行不以言。
——史料出处：《汉书·蒯伍江息夫传》

037 / 有言责者尽其忠，有官守者修其职。
——史料出处：《汉书·谷永杜邺传》

042 / 承顺天心，快百姓意。
——史料出处：《汉书·王莽传》

046 / 量时度力，举无过事。
——史料出处：《后汉书·光武帝纪》

049 / 采其一美，不求备于众。
——史料出处：《后汉书·马援列传》

053 / 刑罚不能加无罪，邪枉不能胜正人。
——史料出处：《后汉书·桓谭冯衍列传》

058 / 赏必行，罚必信。
——史料出处：《三国志·魏志·任城陈萧王传》

062 / 知祸将至而留之，非智也；见正不从而疑之，非义也。
——史料出处：《三国志·蜀志·刘彭廖李刘魏杨传》

066 / 贪于近者则遗远，溺于利者则伤名。
——史料出处：《晋书》帝纪第一

069 / 古今异用，循方必壅，大道隐于小成，欲速或未必达。
——史料出处：《宋书》列传第二十

072 / 若德允物望，夷貊犹可推心共处；如其失理乖道，金城汤池无所用也。
　　　　——史料出处：《南齐书》卷二十五　列传第六

075 / 暂劳永逸，必获后利。
　　　　——史料出处：《梁书》卷八　列传第二

078 / 爱惠以抚孤贫，威刑以御强猾。
　　　　——史料出处：《陈书》卷二　本纪第二

081 / 变法改度，宜为更始。
　　　　——史料出处：《魏书》帝纪第一

085 / 以德见推，以义见举。
　　　　——史料出处：《北齐书》卷二　帝纪第二

088 / 举非其人，则大事难集，虽欲立忠建义，其可得乎。
　　　　——史料出处：《周书》卷一　帝纪第一

091 / 苟利于时，其致一揆，何谓物我之异，无计今古之殊。
　　　　——史料出处：《隋书》卷一　帝纪第一

094 / 至道深微，惟人是弘。天命无常，惟德是与。
　　　　——史料出处：《南史》卷四　齐本纪第四

097 / 不幸而失，宁僭不滥。僭则失罪人，滥乃害善人。
　　　　——史料出处：《北史》卷五十　列传第三十八

100 / 公家之利，知无不为，宁不虑身，不可废国家大计。
　　　　——史料出处：《旧唐书》卷七十一　列传第二十一

103 / 富贵则骄，骄则怠，怠则亡。
　　　　——史料出处：《新唐书》卷九十六　列传第二十一

107 / 惩恶劝善，务振纪纲。激浊扬清，须明真伪。
　　——史料出处:《旧五代史》卷三十　庄宗纪四

111 / 君子之于人也，乐成其美而不求其备。
　　——史料出处:《新五代史》卷三十三　死事传第二十

115 / 事有先后，久安之弊，非朝夕可革也。
　　——史料出处:《宋史》卷三百一十四　列传第七十三

119 / 善谏者不谏于已然。
　　——史料出处:《辽史》第七十八卷　列传第八

123 / 人君之过，莫大于杀无辜。
　　——史料出处:《辽史》第七十八卷　列传第八　萧继先传

127 / 应天顺人。
　　——史料出处:《辽史》第七十三卷　列传第三　耶律曷鲁

131 / 量敌而进，毋自取祸败。
　　——史料出处:《辽史》第三十卷　本纪第三十　天祚皇帝四

136 / 晋主闻陛下数游猎，意请节之。
　　——史料出处:《辽史》第四卷　本纪第四　太宗下

140 / 淫侈可以为戒，勤俭可以为师。
　　——史料出处:《辽史》第一百○七卷　列传第三十七　列女耶律氏常哥

144 / 君以民为体，民以君为心。人主当任忠贤，人臣当去比周。
　　——史料出处:《辽史》第一百○七卷　列传第三十七　列女耶律氏常哥

148 / 辞亲入仕,当以裕国安民为事。枉道欺君,以苟货利,
非吾志也。
——史料出处:《辽史》第一百〇五卷 列传第三十五 能吏
耶律铎鲁斡传

153 / 肆叛逆,致乱亡,皆是人也。有国家者,可不深戒矣乎。
——史料出处:《辽史》第一百一十四卷 列传第四十四 逆臣下

157 / 先王柔远,以德而不以力,尚矣。
——史料出处:《辽史》第一百一十五卷 列传第四十五
二国外记 高丽

161 / 求人之失,虽小而可恕,谓重如泰山。身行不义,虽入大恶,
谓轻于鸿毛。
——史料出处:《辽史》第一卷 本纪第一 太祖耶律阿保机上

167 / 善恶判于跬步,祸患极于怀襄。
——史料出处:《金史》卷一百三十三 列传第七十一《叛臣》

171 / 故为政于天下,虽方伎之事,亦必慎其所职掌,而务旌别其贤
否焉。
——史料出处:《金史》卷一百三十一 列传第六十九《宦者》

176 / 夫藩篱之固,当守信义。如不务此,虽长江之险,亦不可恃,
区区两淮之地,何足屏蔽而为国哉!
——史料出处:《金史》卷九十三 列传第三十一

181 / 在上位者所见有不可,顺而从之,在下位者所见虽当,则遽不
从乎?岂可以与己相违而蓄怒哉。如此则下位者谁敢复言?
——史料出处:《金史》卷八十六 列传第二十四 李石传

186 / 敬慎之心无时或怠。
　　　——史料出处:《金史》卷八十三　列传第二十一　张汝霖传

191 / 勿谓小善为无益而弗为,小恶为无伤而弗去。
　　　——史料出处:《金史》卷六十四　列传第二　后妃下

196 / 苟利国家,岂敢私邪。
　　　——史料出处:《金史》卷七十七　列传第十五　挞懒传

201 / 义岂知于归美,意专在于要君。
　　　——史料出处:《金史》卷七十三　列传第十一　守贞传

206 / 但务修德,余何足虑。
　　　——史料出处:《金史》卷七十四　列传第十二　宗京传

210 / 养其威而用之,畏可以教爱。慎其法而行之,耻可以立廉。
　　　——史料出处:《金史》卷四十五　志第二十六　刑

214 / 古者进贤受上赏,进不肖有罚,其立定赏罚条格,庶使人不敢徇私也。
　　　——史料出处:《金史》卷五十四　志第三十五　选举四

218 / 不明赏罚,何以示劝勉也。
　　　——史料出处:《金史》卷五十四　志第三十五　选举四

223 / 今乡里中耆老有能教导者,或谓事不在己而不问,或非其职而人不从。可依汉制置乡老,选廉洁正直可为师范者,使教导之。
　　　——史料出处:《金史》卷八十八　列传第二十六

227 / 九思所守清约，然急于进取，一切以功利为务，率意任情不恤百姓。
　　——史料出处：《金史》卷九十　列传第二十八　张九思传

231 / 今凡赏功罚罪，皆具事状颁告之，使君子知劝以迁善，小人知惧以自警。
　　——史料出处：《金史》卷八十九　列传第二十七

236 / 方今宜崇节俭，不急之务、无名之费，可俱罢去。
　　——史料出处：《金史》卷九十五　列传第三十三

241 / 孝弟敬慎，则为君子。暴戾隐贼，则为小人。自今以往，毋狃于故习，国有明罚，吾不得私也。
　　——史料出处：《金史》卷一百二十八　列传第六十六　循吏

246 / 朕于庶官曷尝不慎，有外似可用而实无才力者，视之若忠孝而包藏悖逆者。
　　——史料出处：《金史》卷一百一　列传第三十九

251 / 事若合理，自当奉行，如不可行，死且不避，况截手乎！
　　——史料出处：《元史》卷一百四十六　列传第三十三

255 / 养心莫善于寡欲，审能行之，则心清而身泰矣。
　　——史料出处：《明史》卷一百二十八　列传第十六

258 / 通识时变，勇于任事。
　　——史料出处：《明史》卷二百三　列传第一百一

毋不有功于民，勤力乃事。

——史料出处：《史记·殷本纪》

原文

汤……既绌夏命，还亳，作《汤诰》："维三月，王自至于东郊。告诸侯群后：'毋不有功于民，勤力乃事。予乃大罚殛女，毋予怨。'曰：'古禹、皋陶久劳于外，其有功乎民，民乃有安。东为江，北为济，西为河，南为淮，四渎已修，万民乃有居。后稷降播，农殖百谷。三公咸有功于民，故后有立。昔蚩尤与其大夫作乱百姓，帝乃弗予，有状。先王言不可不勉。'曰：'不道，毋之在国，女毋我怨。'"以令诸侯。

经典导读

汤，即成汤，又称商汤，是商朝的开国君主。据史料所载，汤将象征国家的九鼎迁于商邑并建都于此，也即今之河南商丘，后迁都于西亳，即今之河南偃师，据史所载，"河南偃师为西亳，帝喾及汤所都，盘庚亦从都之"（李泰《括地志》）。商曾是夏朝的诸侯方国之一，方圆不过七十里（《淮南子·泰族训》："汤处亳，七十里。"），但在商汤领导期间威望日益名扬，势力也日益强大，汤还被夏桀授予"得专征伐"的特权。商汤善听人言，又有仁德，加之又有伊尹等贤臣辅佐，遂在夏桀虐政荒淫、昆吾氏为乱的情况下，顺天革命，亲率诸侯兴师讨伐夏桀。夏桀大败，逃于鸣条。诸侯也都一一臣服于商汤，于是商汤便登上天子位，告祭于天，宣告商王朝代夏而立。夏亡之后，商汤返回亳都，大告天下，这篇讲话被称之为《汤诰》。"诰"即告也，指的是汤王告诫诸侯要吸取夏桀的教训，多做有功于民之事，不得祸乱百姓。另外，儒家经典《尚书》中亦有一篇《汤诰》，乃是后世伪作，而《史记·殷本纪》中的文献记载则被学者视为是《汤诰》真本。

文意阐释

毋，按照《说文解字》的解释，是"止之"，也即禁止不要做的意思。王充《论衡·谴告篇》中说"毋者，禁之也"，意思与此相同。古文言文中的"毋"字多写作"无"，表示否定。"有功于民"，这里虽然以大禹、皋陶、后稷为例进行了比照说明，但也含有从一般意义上告诫臣服于商汤的诸侯群后的显白用意。"勤力乃事"，即按照各自的职守务尽其责，勤勤恳恳，不可怠政、无所作为。这可以视为商汤鉴于夏朝灭亡而全面总结的深刻的经验教训，所以也将其告于四方诸侯，令其必须牢记于心。这句话的意思是说，诸侯群后不可不做有功于百姓之事，要勤勤恳恳各自恪尽职守。商汤在《汤诰》中还警告说，倘若有哪个诸侯不为百姓谋实利，就要"大罚殛女"，即杀掉他。"毋予怨"，即不要因此而怨恨我。这就足以说明商汤并不只是随口说说，而是要严加对待，令出必行。

知识拓展

商汤早在几千年前说过的话，蕴含着丰厚的精神意蕴，不仅带领商族走向强大，也为商文明的兴盛奠定了一个良好的基础。正是源自这种为民奉献的精神及其对中华文明的贡献，商汤在后世被尊为圣人，在历史上留下了浓重的一笔，也赢得了后人长久不衰的赞叹和祭祀。商汤所说的话即使在今天看来也并不难懂，而且还有着鲜明的现实镜鉴价值，"毋不有功于民，勤力乃事"，用今天通俗的话来说，就是要始终把人民放在最高的位置，心系百姓，为百姓谋利益，为百姓谋幸福，执政者身居其位就要切实牢记自己的初心和使命，竭忠尽智履行职责，为老百姓办实事。从实践上而言，为什么人的问题，是检验一个政党、一个政权性质的试金石。毛泽东曾旗帜鲜明地指出,人民群众是推动历史进步的伟大力量,也是创造历史的真正的英雄。在毛泽东看来,"共产党人的一切言论行动,必须以合乎最广大人民群众的最大利益,为最广大人民群众所拥护为最高标准"(毛泽东《论联合政府》)。这既是中国化的马克思主义人民观的集中体现,也是中国共产党人在具体革命实践中总结的历史经验教训,构成了我们党制定各项路线方针政策的出发点和落脚点。

进入新时代以来,习近平总书记也多次强调不仅共产党员的"官"来源于人民,是人民的一分子,而且他们手中的权力也是人民赋予的,必须要代表人民行使职责,权为民所用,情为民所系,利为民所谋。习近平总书记在党的十九大报告中鲜明地指出:"中国共产党人的初心和使命,就是为中国人民谋幸福,为中华民族谋复兴"(习近平《决胜全面建成小康社会 夺取新时代中国特色社会主义伟大胜利——在中国共产党第十九次全国代表大会上的报告》,新华社,2017年10月27日)。他告诫全党同志一定要与人民同呼吸、共命运、心连心,永远把人民对美好幸福生活的向往作为奋斗目标。共产党打江山、守江山,为的是让人民过上好日子。在当今大变革大调整的时代背景下,实现中华民族伟大复兴的中国梦绝不是轻而易举就能办到的,这需要全党上下为之付出更为艰巨和更为艰苦的努力,各自在其岗位上做好自己的本职工作。党的各级领导干部一定要胸怀天下,心系百姓,为国干事,为民谋利,把自己的命运同时代紧密地结合在一起,承担起时代赋予的重任。一方面要不忘来时路,牢记人民中心观,为了党和人民的伟大事业,不忘初心,牢记使命;另一方面也要立足于当下,放眼未来,稳扎稳打,做真正惠民利民和有益于子孙后代的实事,不负共产党人本怀。

毋不有功于民,勤力乃事。

先王燿德不观兵。

——史料出处:《史记·周本纪》

原文

穆王将征犬戎,祭公谋父谏曰:"不可。先王燿德不观兵。夫兵,戢而时动,动则威,观则玩,玩则无震。是故周文公之《颂》曰:'载戢干戈,载櫜弓矢,我求懿德,肆于时夏,允王保之。'先王之于民也,茂正其德而厚其性,阜其财求,而利其器用,明利害之乡,以文修之,使之务利而辟害,怀德而畏威,故能保世以滋大。"

经典导读

周穆王是西周史上第五位君王,据传在位时间超过五十年。其父亲周昭王多次南征楚国,最后一次亲征之时不幸兵败身亡。据《史记》所载,昭王之时,王道已有亏缺,诸侯多有不服。穆王即位后有感于此,励精图治,重整国政,又制定《吕刑》,在一番大的作为之后,天下重又恢复安宁,百姓也安居乐业。但是,在此之后,周穆王便不再专注于国家内政,而是肆意远游,周游天下,不仅多次征伐盘踞于西部边疆的犬戎,还亲率诸侯攻打位于东南地区的徐国,并再度南征,取得了不小的胜利。总的来看,穆王的征伐尽管在一定程度上巩固了周王朝的统治,宣示了王权,但实际上也加剧了多元民族之间的冲突与不和。世传的《穆天子传》一书就详细记载了这一段历史,尽管此书有真伪之辨,但其价值仍然不容置疑。"先王燿德不观兵",指的是周穆王西攻犬戎之时,祭公谋父所进的谏言。可惜穆王并未听从其劝谏,而是执意出兵,虽然赢得胜利,却有违仁德,使得边远地区的部族不再朝见周天子并向其进贡,也逐渐加剧了周与犬戎之间的矛盾。到了公元前771年,周幽王因为国政无道而为犬戎所杀(《史记·宋微子世家》),自此西周灭亡,东周开启,周王朝也开始转入了由盛而衰的时期。

文意阐释

燿,也写作耀,按照《说文解字》的解释,是"照"的意思,引申为显耀之意。"先王燿德不观兵"还见于《国语·周语上》,三国时人韦昭注解为:"燿,明也;观,示也。明德,尚道化也。"这句话的意思是，先王平治天下崇尚德治而不依靠武力。崇尚德治就意味着国君要时刻敬德、修德，而不能像夏桀、商纣一样失德于民，武伤百姓。另外，用兵相时而动，过于频繁就不会令人畏惧。这既是对那些好大喜功之君的深刻警醒之言，同时也包含着中国古人一直强调的以德治国以及谨慎用兵的历史智慧，对中国传统政治文化的塑造和形成产生了深远的影响。

知识拓展

中国自古以来就被称之为礼义之邦，以礼义立国，而抵制、禁止滥用武力，慎用兵戈，这种思想和传统不仅源远流长，而且经久不衰。无论是"以德服人"（《孟子·公孙丑上》）的流行用语，抑或是"远人不服，则修文德以来之"（《论语·季氏》）的圣贤古训，彰显的都是耀德不观兵的人文精神。宋代的范仲淹也说："臣闻以德服人，天下欣戴；以力服人，天下怨望"（范仲淹《奏上时务书》）。可见德对于赢得天下民心的至上价值。即使是被尊为兵家圣典的《孙子兵法》也在第一句话中明白地指出："兵者，国之大事，死生之地，存亡之道，不可不察也。"历史是最好的教科书，也是最好的清醒剂。纵观人类历史，但凡是主张并滥用武力，而不以德治国的王朝都是短暂而亡的，任何妄图利用武力达到征服其他国家和民族的企图最终都必然会失败。简单地说，就是"国虽大，好战必亡"（《司马法》）。中国自古以来就奉行德治，以德为先，走和平发展之路，这既是历史赠予我们的古老智慧，也是恒常不变的人间正道，于国如此，于人也是如此。从孔子最早提出的为政以德，到现代以来中国坚持以德治国的基本方略；从周恩来总理首次在国际会议上提出"和平共处五项原则"，到习近平总书记多次强调的"中国永远不称霸，永远不搞扩张"（习近平《在第十三届全国人民代表大会第一次会议上的讲话》，人民网，2018年3月20日），都充分表明了中国一以贯之地重视发挥道德的治国作用，以及坚定不移地反对强权和霸权的初心与理念。习近平总书记在新时代的历史背景下提出"人类命运共同体"的全新发展理念，旨在建设一个持久和平、普遍安全、共同繁荣、开放包容、清洁美丽的世界。从本质上来讲，这就是要一如既往地倡导以德治国，杜绝武力，要和平而不是战争，要合作而不是对抗。今天，和平和发展已经成为时代的主题，但是世界仍不和平，武力冲突和战争侵略的"达摩克利斯之剑"依然高悬在人类的头上，甚至在一些地方不断地重演，令人警醒和不安。这就需要人们积极行动起来，秉持"人类命运共同体"理念，使各国互尊互信，和睦相处，才能在尊重世界文明多样性的基础上，通过文明交流对话而推动人类社会的进步，让和平的阳光普照地球，进而为整个人类社会带来昌明繁盛的未来。联合国总部前矗立半个多世纪之久的"铸剑为犁"的雕像，不就是在随时提醒世人反对战争、维护和平吗？

慎无以国骄人。

——史料出处:《史记·鲁周公世家》

原文

周公乃告太公望、召公奭曰:"我之所以弗辟而摄行政者,恐天下畔周,无以告我先王太王、王季、文王。三王之忧劳天下久矣,于今而后成。武王蚤终,成王少,将以成周,我所以为之若此。"于是卒相成王,而使其子伯禽代就封于鲁。周公戒伯禽曰:"我文王之子,武王之弟,成王之叔父,我于天下亦不贱矣。然我一沐三捉发,一饭三吐哺,起以待士,犹恐失天下之贤人。子之鲁,慎无以国骄人。"

经典导读

殷商末年，周人在文王的带领下，勤苦修德，部族力量变得日渐强大，在殷商四方诸侯中拥有十分高的威望，甚至已经达到了天下三分有其二的境地。当时，纣王骄奢淫逸，滥用刑罚，拒绝接受贤臣的忠言劝谏，造成朝野人心背离，诸侯反叛。文王去世之后，武王姬发秉承文王遗志，在姜太公和周公的辅佐下，率领八百诸侯伐纣灭商，建立周朝。两年之后，武王去世，太子诵继承大位，即周成王。因为年少，周公担心天下未定，殷商旧族趁机反叛，遂代成王摄政，却引起了一些人的无端猜疑。周公将其良苦用心告诉了共同奠定周朝近八百年基业的姜太公和召公，说明自己一心继承文武之志，别无他谋，绝不能断送数代人奋力筑就的基业。周公自己留在都城辅佐成王治国理政，而让自己的长子伯禽去鲁国的封地就任，同时告诫他要诚心求天下贤士而用之，切不可因为自己是鲁国国君而以国骄人。此后，周公又相继平定东南少数部族的叛乱，稳定了周朝的统治，并还政于成王，通过制礼作乐，开创了绵延近八百年的"郁郁乎文哉"（《论语·八佾》）的周文化。

文意阐释

周公告诫他的长子伯禽"慎无以国骄人"，在这里包含有两层意思：第一，从国家层面来看，不要因为自己身为诸侯国之君主就傲视一切，乃至于忘记了周人信受奉行的敬德保民的治国之道。第二，从个人层面来说，身为一国国君还要除去骄气，保持谦恭谨慎的心态，做到礼贤下士，选贤任能。周公还以自己作为比较，更加增强了其中的儆诫力度。虽然这句话表面上呈现的是否定的意思，但其时还内在地蕴藏着另一种相反的肯定的取向。概而言之，就是要有所为有所不为。尤其是身为一国之主，一言一行都关系着国家的兴亡，不可不居安思危，谦冲自牧。从传统的角度而言，就是要在治国之时沿循周公提出的敬德保民的宝贵思想，以及由此发展而来的"为国以礼""选贤任能"等伦理原则。这既是一种忧患意识的体现，也是一种慎始敬终精神的表露，成为周文化乃至整个中华优秀传统文化的一个重要的特征。

知识拓展

"慎无以国骄人"就其根本而言，折射出的是一种德性意义上的价值判断和价值取向，从核心上说是儒家以德为本价值观的体现。历史地看，周公说这句话是针对其儿子，也即鲁国的国君伯禽而言的。以当时的身份和地位来说，周公可谓无出其右，并世无第二人，但仍然能够保持谦虚谨慎的心态，并以此告诫其儿子，真可谓难能可贵。广义地说，它可以作为对所有执政者的普遍规谏，而不论其职位的高低或者权力的大小，因而就内在地有着一般性的意义。

中国共产党自成立以来坚持以人民为中心，坚持从群众中来到群众中去，甘当百姓的勤务兵。毛泽东曾明确指出，"我们一切工作干部,不论职位高低,都是人民的勤务员,我们所做的一切,都是为人民服务"(毛泽东《一九四五年的任务》),即使到了成为国家执政党的时候,也"务必使同志们继续地保持谦虚、谨慎、不骄、不躁的作风,务必使同志们继续地保持艰苦奋斗的作风"(毛泽东《在中国共产党第七届中央委员会第二次全体会议上的报告》),这可以视为是周公"无以国骄人"的现代转化和表达,也是当今广大党员干部所应该自觉恪守的准则。身为党员干部,绝对不能有权力上和地位上的优越感,不能以位置取人,以官阶大小取人,甚至大搞"一言堂",使个人凌驾于组织之上,进而做出违反党的纪律和国家法律法规的事情。面对当今波谲云诡的国际形势、复杂敏感的周边环境,习近平总书记意味深长地告诫广大党员干部,"越是取得成绩的时候,越是要有如履薄冰的谨慎,越是要有居安思危的忧患,绝不能犯战略性、颠覆性错误"(《习近平:以时不我待只争朝夕的精神投入工作 开创新时代中国特色社会主义事业新局面》,新华网,2018年1月5日)。

能修其道,
纲而纪之,
统而理之。

——史料出处:《史记·孔子世家》

原文

子路出,子贡入见。孔子曰:"赐,诗云'匪兕匪虎,率彼旷野。'吾道非邪?吾何为于此?"子贡曰:"夫子之道至大也,故天下莫能容夫子。夫子盖少贬焉?"孔子曰:"赐,良农能稼而不能为穑,良工能巧而不能为顺。君子能修其道,纲而纪之,统而理之,而不能为容。今尔不修尔道而求为容。赐,而志不远矣!"

经典导读

孔子是影响中国历史乃至世界历史的一位重要人物,对中华优秀传统文化的形成、传播和发展作出了不可估量的贡献，被后世尊为至圣先师，影响无远弗届。据传孔子有弟子三千，贤人七十二，皆教之以诗书礼乐，而尤以孔门十哲最为著名。子贡，也即端木赐，是孔子的一个得意弟子，以言语著名，非常有辩才，善于经商，"货殖焉，亿则屡中"（《论语·先进》）。孔子当时离开自己的鲁国故居，周游列国，以图通过施展其才华而实现"吾其为东周乎"（《论语·阳货》）的抱负。但是，却一直不为列国所重用，弟子中间也就不免有心生疑惑者出来质问。子贡就问孔子，是不是因为夫子所奉行之道至大，所以才不为天下所容，难道就不能把标准稍微降低一些吗？孔子就对子贡说，身为君子，就必须要修持大道，纲纪四方，统理天下之事，怎么能够为了求容于他人而减损自己所信受奉行的大道呢？相比之下，孔子的另一位得意门生颜渊的回答就更接近孔子的真实心意。颜渊说"夫子之道至大，故天下莫能容。虽然，夫子推而行之，不容何病？不容然后见君子"（《史记·孔子世家》）。正是因为自己所奉信的大道不为天下所容，所以就愈发凸显大道的可贵。孔子对子贡的告诫，旨在说明切不可因为只是想要求容于他人就不修大道，降低自己的标准，作为君子一定不可忘记自己对道的坚定信仰和追求。

文意阐释

修，即修持。道，即君子之道。孔子说"志于道"（《论语·述而》），其本质即修己安人、内圣外王之道。"纲而纪之",即治理的意思,也比喻大道的纲领大要。"统而理之"即统理之意。全句的意思是说,君子要修持大道,治理四方,统理天下之事。其实也就是合内外而言之,内修其德,外求事功,既要安身立命,也要济世安人。联系到孔子对子贡的告诫,尤其要突出君子对道的一以贯之的信仰和修持,不然就很容易失去精神和信念的支撑,最终也就难以实现源自初心的抱负。正是在这个意义上,孔子说:"道也者,不可须臾离也。可离非道也"(《中庸》)。这就意味着,"道"是一个在任何时空环境之下都必须毫不动摇地坚持的东西,要做到"造次必于是,颠沛必于是"(《论语·里仁》),决不能因为外在条件的变化而轻易地改变自己的初衷。

知识拓展

君子修道是传统社会下儒家士大夫笃守的一个重要的价值理念和取向。在现代社会,道的内涵和外延都因为时代精神的变化而被赋予了新的内容。不过,它仍然可以从内外两个层面来进行解读,尤其是对于广大党员干部而言,内圣外王也仍然有着深刻的借鉴意义和价值。就内在而言,修道意味着广大党员干部一定要重视修身,做到以德立身,明大德、守公德、严私德,在当今时代也要重品行,正操守,养心性,以坚定的信念和完美的人格立身行道,真真正正做到有所向往,有所畏惧,有所奋斗。就外在而言,则是要在自己所处的岗位上勇于作为,讲实话,干实事,以一往无前的担当奉献精神开创日新又新的事业。小到一人,大到一国,要努力"修道"的原因在于"得道者多助,失道者寡助。寡助之至,亲戚畔之;多助之至,天下顺之"(《孟子·公孙丑下》)。而"道"在新时代背景下的内涵和意义,一言以蔽之,其本质就是中国共产党人的宗旨——全心全意为人民服务。党员干部首先就是要看自己是否内心忠诚于党和人民,是否具有坚定的理想信念,是否能够全面贯彻执行党的理论和路线方针政策,为了党和人民的伟大事业永不退缩,奋勇前进。当然,只有这些是不够的,还要看到当前国内外形势的复杂,在大调整大变革的历史时期,凡事必须讲方法,讲谋略,要善于从纷繁变化的现象中洞见其本质所在,抓住关键,把握根本,善于运用辩证思维、创新思维等进行分析综合,这也就是"纲而纪之,统而理之"的现代话语表达。具体而言,可以用习近平总书记的话来阐释:"年轻干部要胜任领导工作,需要掌握的本领是很多的。最根本的是理论素养。马克思主义立场、观点、方法是做好工作的看家本领,是指导我们认识世界、改造世界的强大思想武器。党员干部一定要加强理论学习、厚实理论功底,自觉用新时代党的创新理论观察新形势、研究新情况、解决新问题,使各项工作朝着正确方向、按照客观规律推进。要坚持理论和实践相结合,注重在实践中学真知、悟真谛,加强磨炼、增长本领"(《习近平在中央党校(国家行政学院)中青年干部培训班开班式上发表重要讲话强调 筑牢理想信念根基树立践行正确政绩观 在新时代新征程上留下无悔的奋斗足迹》,《人民日报海外版》，2022年3月2日第1版）。只要在理论和实践层面都恪守共产党员之"道"的要求，积极有为，就一定能在未来开创更大的伟业。

习近平总书记多次强调党的干部要对党和人民忠诚，为人民造福，把人民群众对美好生活的向往作为奋斗目标。这就既要讲原则，也要讲方式方法，不忘初心，牢记使命，向着实现中华民族伟大复兴的中国梦奋勇前进。

恃德者昌，恃力者亡。

——史料出处:《史记·商君列传》

原文

君之出也，后车十数，从车载甲，多力而骈胁者为骖乘，持矛而操闟戟者旁车而趋。此一物不具，君固不出。书曰："恃德者昌，恃力者亡。"君之危若朝露，尚将欲延年益寿乎？则何不归十五都，灌园于鄙，劝秦王显岩穴之士，养老存孤，敬父兄，序有功，尊有德，可以少安。君尚将贪商於之富，宠秦国之教，畜百姓之怨，秦王一旦捐宾客而不立朝，秦国之所以收君者，岂其微哉？亡可翘足而待。"商君弗从。

经典导读

商鞅，也叫卫鞅，卫国人，是战国时期法家著名代表人物，有《商君书》传世。因为离卫入秦，辅佐秦孝公进行政治、经济、军事等多方面的改革变法而使秦国日渐强大，史称商鞅变法。相较于当时因循守旧的统治理念，商鞅主张"当时而立法，因事而制礼"（《商君书·更法》），也即治国之道要随着时代的发展变化而与时俱进，驳斥了秦国旧贵族法古不变的陈旧思想。在秦孝公的大力支持下，商鞅在秦国推行了两次变法，如废除世卿世禄制度，明令军法奖励军功，实行连坐等，为秦国此后统一天下奠定了坚实的基础，秦国也由此而国力大增，愈加坚定了吞并六国的雄心。随着商鞅在秦国的地位日渐隆盛，他的内心也日渐骄横，加之自己行事刻薄寡恩，违礼义，弃伦理，甚至对秦国太子的两个师傅公子虔和公孙贾都施加刑罚，招致了秦国宗室贵戚的怨望，也就埋下了自取灭亡的种子。赵良看到其中的危害，便劝商鞅向历史上的百里奚学习，深藏功名，德施诸侯，并引用《尚书》上的话"恃德者昌，恃力者亡"引导他。赵良警告商鞅如果继续一意孤行，国家上下的怨望将会日渐加深，最终必将身死为天下笑。但商鞅并没有听从赵良的劝告，而是一仍其旧。秦孝公之子秦惠王即位之后，公子虔等人借机告发商鞅谋反而发兵讨之，商鞅兵败被杀，又被施以车裂之刑，全家都被诛灭。但即使如此，商君之法也并没有在秦国被废除，而是被继承了下来，就如韩非子说的"秦法未败也"（《韩非子·定法》）。

文意阐释

恃，有凭借、倚仗的意思。力，指的是武力和权势。全句的意思是，依靠德行一定能昌盛兴旺，凭借武力则必将灭亡。德和力是中国古代思想中常用来对举的名词，借以凸显"德"的优先性和重要性，以及对"力"的排斥和否定。孟子就曾说过："以力服人者，非心服也，力不赡也。以德服人者，中心悦而诚服也"（《孟子·公孙丑上》）。这既是中国古人千百年历史经验教训的总结，也蕴含着朴素而永恒的为政和为人的智慧。北宋范仲淹在向宋仁宗奏陈的《奏上时务书》中也明白地说，要"以德服人，天下欣戴；以力服人，天下怨望"。"恃德者昌，恃力者亡"的故事在历史上屡见不鲜，总有后人重蹈覆辙。商鞅的结局可谓是自取灭亡，其故不可不深长思也。

知识拓展

尊德贬力一直就是中国传统文化的一大特色，也是中国传统文化较之于西方文化而作为一种伦理型文化的独特气质所在，无论在儒家还是在道家那里都有着崇高的地位。即使在法家那里，也在很大程度上认可德相对于力的重要性和必要性。早在春秋时期的《左传》中就记载了叔孙豹"太上有立德，其次有立功，其次有立言"的"三不朽"观念，对后世影响深远。北宋司马光说"古昔以来，国之乱臣、家之败子，才有余而德不足，以至于颠覆者多矣"（《资治通鉴·周纪》），也足以说明德的重要地位。儒家在这个基础上不仅形成了"为政以德"（《论语·为政》）的国家治理理念，而且还推而广之，将其运用到国与国之间的相处之道之中，塑造了"以德行仁者王"（《孟子·公孙丑上》）的价值观，同时也是当今我国外交政策所恪守的基本原则。恃德者昌，恃力者亡，也是昭然可见的历史规律，违背这个历史规律就必然会被历史无情地吞没，这也是历史留给后人的经验教训，它的背后隐藏着一个又一个令人扼腕的故事，小到一身，大到一国，莫不如是。概而言之，无论是个人，还是国家，都要秉持以德为本的原则，而不可仗恃武力和权势。在新时代的历史背景下，我们所推崇和弘扬的社会主义核心价值观就是一种德。"核心价值观，其实就是一种德，既是个人的德，也是一种大德，就是国家的德、社会的德。国无德不兴，人无德不立。如果一个民族、一个国家没有共同的核心价值观，莫衷一是，行无依归，那这个民族、这个国家就无法前进"（习近平《青年要自觉践行社会主义核心价值观——在北京大学师生座谈会上的讲话》，人民网，2014年5月4日）。习近平主席在2016年亚信第五次外长会议开幕式上的讲话中也明确地指出："'恃德者昌，恃力者亡。'弱肉强食有违时代潮流，穷兵黩武缔造不了和平，互谅互让才能带来稳定，坚守道义才能赢得持久安全"（《习近平：凝聚共识　促进对话　共创亚洲和平与繁荣的美好未来》，新华社，2016年4月28日）。中国一贯在国际交往中秉持以德服人的理念，坚持处理国际事务时要避免武力冲突，依据国际法通过对话协商，以和平方式解决争议问题，并且始终坚定不移地走以和为贵、和平发展之路，倡导人类命运共同体，共谋人类社会美好未来。但这并不意味着中国会屈服于武力，丧失掉自己的立场。面对世界一些国家的霸权威胁和利益侵蚀，中国人民不信邪、也不怕邪。中国有能力也有实力坚决维护自己国家和人民的根本利益而绝不退缩。任何妄图通过不法手段侵犯中国利益者，都必会被彻底地打垮！

偏听生奸,
独任成乱。

——史料出处:《史记·鲁仲连邹阳列传》

原文

感于心,合于行,亲于胶漆,昆弟不能离,岂惑于众口哉?故偏听生奸,独任成乱。昔者鲁听季孙之说而逐孔子,宋信子罕之计而囚墨翟。夫以孔、墨之辩,不能自免于谗谀,而二国以危。何则?众口铄金,积毁销骨也。是以秦用戎人由余而霸中国,齐用越人蒙而彊威、宣。此二国,岂拘于俗,牵于世,系阿偏之辞哉?公听并观,垂名当世。故意合则胡越为昆弟,由余、越人蒙是矣;不合,则骨肉出逐不收,朱、象、管、蔡是矣。今人主诚能用齐、秦之义,后宋、鲁之听,则五伯不足称,三王易为也。

经典导读

邹阳，西汉时人，曾是梁孝王刘武的门客。据史所载，他"为人有智略，慷慨不苟合"（邹阳《狱中上梁王书》）。后因羊胜等人的谗言，为梁孝王所厌恶，遂被投入狱中，差一点就被杀掉了。邹阳从狱中上书梁孝王，袒露自己的心迹，梁孝王看到后将其释放，并尊为上客。邹阳在上书中列举了历史上君臣两合的事迹，并以此来表达和显示自己的忠心和能力。同时又劝谏梁孝王不可偏信谗言，专行独断。"偏听生奸，独任成乱"就是邹阳告诫梁孝王偏听、独任能给人带来的严重后果。兼听则明，偏信则暗，一直是中华优秀传统文化凸显的一种正确的价值取向，它意味着要多听取他人的意见，不可任用私智，专权独断。梁孝王后来因刺杀大臣的阴谋败露，引起汉景帝的极大不满，同时又深恐朝廷追究，于是便命邹阳前往朝廷寻求避灾免祸之道。邹阳经过一番周旋和劝谏，最后由汉景帝皇后之兄王长君出面，才说服景帝不再追究此事，梁孝王也因此得以保命安身。

文意阐释

偏听，是相对于兼听而言的，即只听一面之词。奸，有私伪的意思，独任也即所谓专任，也是相对于兼察而言的，都是只顾一面而不顾全面，只顾一体而不顾全体。身为人主，偏听一面之词就会导致独任专断，一方面会蒙蔽于他人，难分是非曲直、善恶忠奸；另一方面则必然会因为一意横行而酿成大乱。全句的意思是偏听会产生私伪，独断专任就会酿成大乱。自古以来，人君偏听独任导致亡国灭家的事迹史不绝书，从秦二世到明英宗，可谓指不胜数。中国古代谏官一职就是以此为出发点而设计的，其目的就在于避免因为一人的智力有限而酿成不良后果。历史地看，无论是为人抑或处世，凡是能听取他人合理建言的都会取得比较好的成效，反之亦然。

知识拓展

兼听则明，偏信则暗，独断则亡，是人类历史在千百年的发展变迁中所呈现出的一个朴素的真理，也是为历史经验所证明的一个不刊之论。据《贞观政要》所载，"君之所以明者，兼听也；其所以暗者，偏信也"。事实上，我们要在面对和解决问题时抱有此种态度。不偏听，就是既要听正面的意见，也要听反面的意见，正反面都要兼顾；不独任，就是要严格按照一定的程序办事，充分发扬民主多谋善断，避免"一言堂"和专行独断。孔子就曾说过，"三人行，必有我师焉。择其善者而从之，其不善者而改之"（《论语·述而》），又说要"见贤思齐焉，见不贤而内自省也"（《论语·里仁》），其意都在于打破一己之私见，而兼听人言。在工作和生活中一定要笃守这种好学好问的谦逊作风，这样才能取长补短，扬长避短，更好地实现进德修业的目标。

历史地看，中国共产党在长期的革命和建设的过程中，一直倡导和坚持集体领导和民主集中,并将其作为党的根本领导原则和工作方法予以践行。换言之,党的广大领导干部必须要严格贯彻和落实党的民主集中制原则,凡事都要靠集体的智慧严格按照程序办理和落实。我国的政治协商制度,其本质也是为了通过民主协商的重要形式,促进科学民主决策,在巩固和壮大爱国统一战线的基础上把更多力量汇聚到共襄复兴伟业的历史进程之中。习近平总书记强调,"党的重大决策都要严格按照程序办事,充分发扬民主,广泛听取意见和建议,做到兼听则明、防止偏信则暗"(《习近平:以解决突出问题为突破口和主抓手 推动六中全会精神落到实处》,新华社,2017年2月13日)。在推进党和人民事业的伟大进程中,广大领导干部要不回避问题,有问题解决问题,不结党营私,要从党的性质和根本宗旨出发,从人民的根本利益出发,多多听取人民群众的建议,不搞独断专制,不做"一刀切",要最大程度地把大家的力量凝聚在一起,切实保证党和人民的各项事业发展能取得新的成效。

不好学问大道，
触情忘行，
不祥。

——史料出处：《汉书·淮南衡山济北王传》

原文

夫大王以千里为宅居，以万民为臣妾，此高皇帝之厚德也。高帝蒙霜露，沐风雨，赴矢石，野战攻城，身被创痍，以为子孙成万世之业，艰难危苦甚矣，大王不思先帝之艰苦，日夜怵惕，修身正行，养牺牲，丰洁粢盛，奉祭祀，以无忘先帝之功德，而欲属国为布衣，甚过。且夫贪让国土之名，轻废先帝之业，不可以言孝。父为之基，而不能守，不贤。不求守长陵，而求之真定，先母后父，不谊。数逆天子之令，不顺。言节行以高兄，无礼。幸臣有罪，大者立断，小者肉刑，不仁。贵布衣一剑之任，贱王侯之位，不知。不好学问大道，触情忘行，不祥。此八者，危亡之路也，而大王行之，弃南面之位，奋诸、贲之勇，常出入危亡之路，臣之所见，高皇帝之神必不庙食于大王之手，明白。

经典导读

西汉初年，天下初定，淮南王英布欲造反而被杀，汉高祖刘邦遂立其少子刘长为新的淮南王，命其掌管昔日英布的封地。刘长自幼丧母，由吕后抚养长大。在刘邦去世后，刘长自以为与汉文帝最为亲近，不仅恃宠骄纵，而且悖越礼法。汉文帝因为亲族的缘故，不予计较，还多加赦免。刘长回到自己的封地后，愈加恣意而为，乃至不用汉法而自作法令，多次上书也不谦逊。汉文帝遂令薄昭予以诫勉，"不好学问大道，触情忘行，不祥"即出自此文中。薄昭告诉刘长八种危亡之路，希望他能引以为戒，改过迁善。刘长不仅不自反省，竟与匈奴等勾结图谋叛乱，后来事泄被拘。朝臣三次进言希望依法诛杀刘长，汉文帝仍是心有不忍，只是废其王号，将其谪徙蜀郡，以加警劝，并说将来还要将其迎回来。但刘长因为忍受不了此种侮辱，遂在途中绝食而死，死前对自己的侍者说自己之所以沦落到这种地步，正是由于骄纵无礼、有劝不听的缘故。

文意阐释

学和问在古代的文言文中是两个词，分别指的是求知和探询。大道，这里指的是薄昭所说的孝、贤、礼、仁、知等伦理规范。忘行，即形迹不顾人伦纲常。全句的意思是说，不喜欢求知和探询大道所在，触及情欲之时就不顾人伦纲常，这是不祥的。古人常讲："道者也，不可须臾离也，可离非道也。"只有在坚守道的基础上，努力克制人的情欲，才不至于酿成大祸。仁义礼智等德行，是恒常不变之道，虽千万世而不可改，其目的就是为了节制人的情欲，使人能够明正理，走正道，从而避免覆亡的危险。孔子说"君子无终食间违仁，造次必于是，颠沛必于是"（《论语·里仁》），就是告诫人们无论身处何种境地，都要随时随地多加警醒，千万不可为了一时的情欲而不顾人之所以为人的基本操行，丧失掉了人之所以为人的根本。所以才有"人而无礼，胡不遄死"（《诗经·鄘风·相鼠》）的说法。

知识拓展

学问大道和触情忘行在古代的语境中是相对而言的，一个人只有学问大道才不会触情忘行，反之亦然。所谓大道，在任何时代和社会中指的都是那些放诸四海而皆准的道理和原则，它不会随着人们的一己私见而有所改变，值得人们为之矢志追求和忘我奉献。每个人都应该有志于"道"，坚守为人的基本操行，而不被自己的情欲所迷惑，做出颠倒本末的事情。所以孔子说，"士志于道，而耻恶衣恶食者，未足与议也"（《论语·里仁》），又说"朝闻道，夕死可矣"（《论语·里仁》）。

可知"道"是人们最终得以安身立命、待人接物的根本所在。古往今来，莫不如是。在新时代的历史背景下，广大党员干部要"学问大道"，就必须在坚定马克思主义信仰的基础上，树立崇高理想，坚定信念，牢牢把握住中国共产党人的精神支柱和政治灵魂。对于理想信念这个"学问大道"，不仅要旗帜鲜明、理直气壮地讲，还要讲清楚讲透彻，否则就很容易三心二意、半途而废。因此，共产党人一定要自觉学习马克思主义思想，积极主动学习党的理论、路线、方针、政策等，在理论和思想上把牢政治方向、坚定政治立场，树牢"四个意识"，坚定"四个自信"，做到"两个维护"，用马克思主义的立场、观点和方法分析解决理论和实践问题。习近平总书记多次强调，高度重视学习、善于进行学习，是领导干部健康成长、提高素质、增强本领、不断进步的重要途径。

　　触情忘行之类的行径，不仅是一般人所应该拒斥的，更是任何一个党员干部都必须毫不迟疑地坚决抵制和杜绝的。否则，必将自食其果。早在抗战时期，共产党战功卓著的黄克功因为一时被自己的情欲所迷惑，开枪杀死了逼婚未成的刘茜，引起了毛泽东的震怒，批评黄克功的所作所为是失掉党的立场的、失掉革命立场的、失掉人的立场的可耻行为。在面对众多请求赦免黄克功，让其戴罪立功的党员和百姓时，毛泽东仍然挥泪下令将其予以枪决，其目的就是要告诫广大党员绝对不能居功自傲，触情忘行，丧失掉共产党员的立场和操守，辜负了人民的厚望和寄托。

从根本上而言，广大领导干部要牢记历史教训，自觉加强自我道德修养，加强对马克思主义经典著作的深入学习和研究，明大德，行大道，既要学以致用，也要用以促学，牢记马克思主义的立场、观点和方法，并将其一以贯之地贯彻到自己生活工作的实践之中。

动民以行不以言。

——史料出处:《汉书·蒯伍江息夫传》

原文

因建言:"往年荧惑守心,太白高而芒光,又角星茀于河鼓,其法为有兵乱。是后讹言行诏筹,经历郡国,天下骚动,恐必有非常之变。可遣大将军行边兵,敕武备,斩一郡守,以立威,震四夷,因以厌应变异。"上然之,以问丞相。丞相嘉对曰:"臣闻动民以行不以言,应天以实不以文。下民微细,犹不可诈,况于上天神明而可欺哉!天之见异,所以敕戒人君,欲令觉悟反正,推诚行善。民心说而天意得矣。辩士见一端,或妄以意傅著星历,虚造匈奴、乌孙、西羌之难,谋动干戈,设为权变,非应天之道也。守相有罪，车驰诣阙，交臂就死，恐惧如此，而谈说者云，动安之危，辩口快耳，其实未可从。夫议政者，苦其谄谀倾险辩慧深刻也。谄谀则主德毁，倾险则下怨恨，辩慧则破正道，深刻则伤恩惠。昔秦缪公不从百里奚、蹇叔之言，以败其师，悔过自责，疾诖误之臣，思黄发之言，名垂于后世。唯陛下观览古戒，反复参考，无以先人之语为主。"

经典导读

"动民以行不以言"，此话出自汉哀帝之际丞相王嘉的谏言。当时，息夫躬因多次危言耸听，得到了哀帝的宠幸，还时常利用灾异乱言朝政，造成了朝政的混乱。有一次，因为单于称病未来朝贡，息夫躬便向哀帝进言，说可以使用诈术以刺探个中虚实。这种行径为左将军公孙禄所驳斥。王嘉后来也斥责息夫躬虚造匈奴、乌孙、西羌变乱，图谋妄动干戈，不是顺天之道。息夫躬后来又以灾异事劝言哀帝派军巡视边疆，通过杀死一个郡守来树立威望，进而慑服夷狄各族。丞相王嘉同样驳斥了这种说法，认为"动民以行不以言"，怎么能逞口舌之快，肆意杀人而不修文德以感化夷狄部族之人呢？此后，哀帝以息夫躬编造欺诈不实之言将其贬黜。司马迁称息夫躬作奸，可谓所言不虚！

文意阐释

动，按照古人的解释，是动人心的意思。"动民"就是感化百姓之意。"动民以行不以言"，意思是说，感化百姓一定要靠实际的行动而不是言辞。这与儒家一直以来强调的听其言而观其行的意思十分相近。《吕氏春秋·论人》之中把知人之法概括为八观六验，八观之一就是"听其言而观其行"。小到一身，大到一国莫不如是。从治国理政的层面来说，想要感化百姓一定要言行一致，以身作则，行为世范，就像孔子所说的，"其身正，不令而行；其身不正，虽令不从"（《论语·子路》）。如果只靠嘴上的功夫而不做出实际行动，不仅很容易祸乱朝政，而且还会丧失民心，贻害无穷。

知识拓展

动民以行不以言，是说感化百姓要靠实实在在的行动，而不能仅停留在口说的层面上。尤其是一些人凭着利口辩言，很容易淆乱视听，带来恶劣的后果，就像王嘉所说的那样。历史上有着很多类似的前车之鉴需要严肃地正视和反思，不然就会重蹈覆辙。"动民以行不以言"，这句话对党员干部有着重要的启示作用，因为我们党自成立以来的根本宗旨就是为人民群众办好事，为人民群众的幸福生活拼搏、奉献和服务，这也是历经百年风霜的共产党人的执着追求。党的十八大以来，以习近平同志为核心的党中央高度重视民生工作，通过一系列政策和举措，解决了许多长期想解决而没有解决的难题，办成了很多此前想办而没有办成的大事，把为老百姓做好事实事作为检验政绩的重要标准，取得了良好的实效。一定要把党的好方针、好政策不打折扣地落实到地，落实到位，给老百姓带来实实在在的好处，及时有效地处理好关乎民生的难题，而不能一味只说大话、空话和套话，把工作停留在嘴皮子上，只见嘴动而不见行动。党的各级组织和领导干部必须牢记"空谈误国，实干兴邦"，践行正确的政绩观。因此，在做基层工作的时候，尤其要切忌只说官话，动辄耍嘴皮子，而不是实事求是，真抓实干。

　　进入新时代以来，我们党牢牢坚持以人民为中心，把人民群众对美好生活的向往作为自己的奋斗目标，让人民群众在日常生活中有更多的获得感、满足感和幸福感。习近平总书记明确指出，"检验我们一切工作的成效，最终都要看人民是否真正得到了实惠，人民生活是否真正得到了改善，这是坚持立党为公、执政为民的本质要求，是党和人民事业不断发展的重要保证"（习近平《全面贯彻落实党的十八大精神要突出抓好六个方面工作》，《求是》，2013年第1期）。中国梦，归根到底是人民的梦。要坚定不移地把民生工作落实到位，把老百姓心里记挂的事一件件都办妥当了，真真正正做到"件件有着落，事事有回音"，让老百姓看到切实的变化、得到真实的实惠。

> 有言责者尽其忠,有官守者修其职。
>
> ——史料出处:《汉书·谷永杜邺传》

原文

臣永幸得以愚朽之材为太中大夫,备拾遗之臣,从朝者之后,进不能尽思纳忠辅宣圣德,退无被坚执锐讨不义之功,猥蒙厚恩,仍迁至北地太过。绝命陨首,身膏野草,不足以报塞万分。陛下圣德宽仁,不遗易忘之臣,垂周文之听,下及刍荛之愚,有诏使卫尉受臣永所欲言。臣闻事君之义,有言责者尽其忠,有官守者修其职。臣永幸得免于言责之辜,有官守之任,当毕力遵职,养绥百姓而已,不宜复关得失之辞。忠臣之于上,志在过厚,是故远不违君,死不忘国。昔史鱼既没,余忠未讫,委柩后寝,以尸达诚;

汲黯身外思内，发愤舒忧，遗言李息。经曰："虽尔身在外，乃心无不在王室。"臣永幸得给事中出入三年，虽执干戈守边垂，思慕之心常存于省闼，是以敢越郡吏之职，陈累年之忧。

经典导读

"有言责者尽其忠，有官守者修其职"，此话出自谷永向汉成帝所进的谏言。当时天下灾异频现，谷永身为太中大夫，负责谏言议政，以备顾问和应对之职，于是成帝命令淳于长到谷永那里记取他的意见。除了劝谏汉成帝应该体恤百姓，劝耕农桑、亲贤远佞之外，谷永还提出身居官位者，应该各自根据其职守，尽其本分，"毕力遵职"。负责进谏、规劝的人一定要知无不言，言无不尽，而不是瞻前顾后，患得患失；其他官员，则须整饬自己的职守，不负国家和朝廷之恩。如果能做到这样，上下一道励精图治，以至于至诚应天，就能消除潜在的忧患，实现国家和社会的有效治理。谷永举"史鱼尸谏"和"汲黯遗言"的故事表达了自己忠君为国的志向，在当时赢得了良好的声望。

文意阐释

"有言责者"，赵岐解释为"献言之责，谏诤之官也"。"尽其忠"指的是忠于自己的职守，竭忠进言，知无不言，言无不尽。"有官守者"指的是不同官员的官阶职守。"修其职"，指的是按照各自相应的职守要求修饬自己的言行举止。全句的意思是说，负责献言的官员要竭忠进言，有官阶职守的则要根据职守修饬自己的言行。这是事君的核心要义所在，不得违逆。从历史文献可知，谏官的设置和谏官制度的形成，源远流长，是我国古代政治传统的一大特色，对于纠正人君言行过失、保障国家长治久安有着深远的意义。身居其位，恪尽职守更是为官之道的应有之义，在古代典籍中屡见不鲜，也是一个放之四海而皆准的公理，历代官箴也都将其视为基本的操守。正是在这个意义上，才有民间传唱不衰的"当官不为民做主，不如回家卖红薯"的俗谚。

知识拓展

谏官制度在中国古代历史上发挥了重要的作用，历朝历代都十分重视谏官制度，慎重选择言官，切实保障言官的权力。尽管以"言责"为中心要务的谏官制度在近代以来被彻底废除了，但实际上，它的内在精神仍然被完好地继承下来，以另一种方式发挥着不可或缺的作用。这就是中国共产党人所说的监督、监察的制度。正是在这个意义上，毛泽东当年与黄炎培先生谈如何跳出"其兴也勃焉，其亡也忽焉"的历史周期率的支配，意味深长地说"我们已经找到新路，我们能跳出这周期率。这条新路，就是民主。只有让人民来监督政府，政府才不敢松懈；只有人人起来负责，才不会人亡政息"（《毛泽东年谱》）。这种人人负责，人人建言的制度不仅是对古代谏言精神的真正继承，而且还是一种积极的发扬和拓展，把监督的权责交到百姓手中，重视发挥百姓的监督作用，可谓是历史的巨大进步。只有在人人监督的情况下，把每一个地方的事，公之于每一个地方的人，才能很好地实现黄炎培先生所说的"地地得人，人人得事"。权力导致腐败，绝对权力导致绝对腐败。因此，党的各级领导干部必须牢记，没有任何人可以凌驾在法律之上，决不允许存在法律之外的绝对权力。任何人行使权力都必须秉持共产党人为人民服务的宗旨，要做到对人民负责并自觉接受民主监督。

从另一个方面来说，在人民监督政府之外还要做到党内监督，这也是党的建设的重要内容。为了确保党永葆生机，必须把监督的制度优势充分释放出来，把上级对下级、同级之间以及下级对上级的监督充分调动出来，确保党内监督的有效落地。唯有如此，那些身居官位的人才能加强警惕，自觉检束自己的行为，严格按照官员职守来办事，进而实现政通人和的大好局面。党员干部要有崇高的责任感、使命感和正义感，在面对现实中出现的各种各样的新情况、新矛盾和新问题时要敢于直言、勇于诤言、敢于谏言，不说那些无济于事且不触及主要矛盾、不解决真正问题的没用的废话。俗话说，为官一任，造福一方。身居不同官位的党的领导干部担负着治国利民的大任，一定要各尽其职、各守其责，培养强烈的事业心和责任感，在具体工作中要肯干事、能干事、干成事，为工作尽心尽力，忘我奉献，通过不断学习提高自己应对挑战、解决问题的能力。针对党员干部中出现的一些不作为、乱作为和慢作为、假作为的不良现象,《关于新形势下党内政治生活的若干准则》以及《中国共产党问责条例》等给出了明确的处理规定,要严肃处理和坚决纠治"庸懒散浮拖"等问题。

> 有言责者尽其忠,有官守者修其职。

承顺天心,快百姓意。

——史料出处:《汉书·王莽传》

原文

然自孔子作《春秋》以为后王法,至于哀之十四而一代毕,协之于今,亦哀之十四也。赤世计尽,终不可强济。皇天明威,黄德当兴,隆显大命,属予以天下。今百姓咸言皇天革汉而立新,废刘而兴王。夫'刘'之为字'卯、金、刀'也,正月刚卯,金刀之利,皆不得行。博谋卿士,佥曰天人同应,昭然著明。其去刚卯莫以为佩,除刀钱勿以为利,承顺天心,快百姓意。

经典导读

王莽改制是发生在西汉末年时期的一件大事，改制过程中还建立了"新"朝。王莽本人也是历史上备受争议的一位人物，在封建时代，很多人视其为谋权篡位的巨奸，但在近代以来，人们更多称其为改良主义者，富有远见和情怀。与此前改革者求变新、不守旧的前进路径不同，王莽的改制却是以"复古"为特色的，或者可以说是以"复古"为前进。尽管他的改革失败了，但不得不说他的一些想法和措施超越了他所处的时代，所以很难引起人们的共鸣，更很难被完全地落实。王莽改制与历史上其他改革变法一样，他的前后因果都促使人们对其不断反思和总结。也许与其他人不同的是，王莽的特殊经历及其抱有的理想，更容易引起人们的触动罢了。

文意阐释

承顺，遵奉顺从的意思。如《礼记·乐记》"理发诸外而民莫不承顺"。天心，是一种譬喻的说法，实际即天意，多用来指上天的意志。如《尚书·咸有一德》中"咸有一德，克享天心，受天明命"。《汉书·杜周传》中也记载道："顺天心，说民意，年岁宜应。"快，《广韵》解释为"称心也，可也"，快百姓意就是使百姓称心如意。这句话合起来就是要遵奉顺从上天的意志，使百姓称心如意。

知识拓展

历史地看，王莽改制的出发点是好的，其洞察力也十分了得，看到了社会的弊端，也给出了解决办法。不过可惜的是，时代早已发生了变化，王莽自以为"承顺天心，快百姓意"的美好想法并没有在现实中生根发芽的土壤，即使那些追随王莽改制的人也提醒说："井田制度虽然是圣人之制，但废绝已久。秦人随顺民心，废除井田制，才得以一统华夏，至今仍为天下之人所接受。如今却违逆民心，妄图恢复早已不合时宜的井田制，纵然是尧舜再生，没有个几百年是难以彻底实现的。何况天下初定，万民刚刚归附，确实是不可推行啊。"后人在评价王莽时，说他的改革完全是一种书生政治，这是很贴切的。因为他只是理想化地考虑问题，并不知道在落地实施的时候该怎么合理安排。结果就导致越是显得很美好很完善的东西，一旦遇到现实就变得面目全非。即使不能简单地全盘否定，但也足以说明王莽太过于浪漫化了。更何况他的梦想和能力并不匹配，失败也就显得不那么匪夷所思。从另一个深的层面来说，王莽的失败意味着作为中国政治理论一大特色的禅让思想，彻底从此消失，取而代之则是希望帝王能万世一统的思想，表现为在政治上只求保障一家一姓的王室的安全，而很少注意到一般平民的生活。历史地看，尽管王莽在当时的政治社会背景下被批判得一无是处，甚至说他太能伪装了，都只能说是一种解读的角度而已，正所谓"横看成岭侧成峰"。随着时代的不断变化，现在的人们开始发现王莽身上带有那种不可思议的特质，有时还将其戏称为一个"穿越者"，因为他的一些制度措施更加与现代人类的思想相契合。这说明对历史上发生的事情，多一些同情的了解是可以而且应该的，而这也愈加引起了后人对王莽及其改制的好奇，促使人们去亲近和阅读那段与"赤帝斩白蛇"传说隐秘相关的历史。

量时度力,举无过事。

——史料出处:《后汉书·光武帝纪》

原文

初,帝在兵间久,厌武事,且知天下疲耗,思乐息肩。自陇、蜀平后,非儌急,未尝复言军旅。皇太子尝问攻战之事,帝曰:"昔卫灵公问陈,孔子不对,此非尔所及。"每旦视朝,日仄乃罢。数引公卿、郎、将讲论经理,夜分乃寐。皇太子见帝勤劳不怠,承间谏曰:"陛下有禹、汤之明,而失黄、老养性之福,愿颐爱精神,优游自宁。"帝曰:"我自乐此,不为疲也。"虽身济大业,兢兢如不及,故能明慎政体,总揽权纲,量时度力,举无过事。退功臣而进文吏,戢弓矢而散马牛,虽道未方古,斯亦止戈之武焉。

经典导读

光武帝刘秀在统一天下之后,鉴于西汉末年和王莽"新"朝统治的弊病,励精图治,推行了一系列改革朝政的措施,恢复和发展了社会生产,取得了显著的成就,史称"光武中兴"。北宋司马光称其是夏商周三代之后风化最美的朝代,近人梁启超也称其是"风俗最美,儒学最昌盛"的时代。相较于历史上的其他改革,光武帝在整顿吏治、发展生产等方面推行的举措是大体相近的,但光武改革还有两个明显的特征,最为后人称道。一个是秉持贯彻"天地之性人为贵"的理念,爱慎人命,包括那些出身和地位低贱之人,施行"柔道"之治;一个是修文德,注重风俗教化,塑造了社会上尚气节、崇廉耻的风气。

文意阐释

量,即衡量。时,时势、时宜。度,忖度、揣度。举,有做的意思。全句表达的是,要衡量时宜、揣度己力,不做错事。

知识拓展

历史地看,光武帝的改革是以人事制度为核心的,围绕着中央和地方的人事安排与调整,在政治、经济、文化等领域展开了比较周全的改革。人事改革的核心即"退功臣,进文吏",意思是屏退开国功臣,选拔任用文职官吏,简单地说就是要偃武修文。这几乎是所有新建王朝所必须要慎重考虑和作出判断的事,一方面固然是为了防范功臣居功自傲,左右朝政,进而加强和维护封建皇权的权威;另一方面则出于休养生息的考虑,毕竟战乱之后最需要做的是维护安定的秩序,不宜再动兵戈,所以更应该选用精通治国之道的儒家文士来治国理政。一言以蔽之,就是要清楚地认识到建国之后自身角色和目标任务的转变,而不能一味地按照打天下的那一套模式来守天下。与历史上很多朝代的开国皇帝诛杀功臣不同,当然也与汉高祖刘邦不同,光武帝采取的是以柔治国的措施,善待功臣,既保全了他们的名节,稳定了朝政局势,也实现了治理手段由武向文的平稳转换,有效地巩固了新建的王朝统治。最为后人称道的就是光武帝在民生方面推行的措施了。他是秦汉以来以皇帝身份第一个明确下诏宣布按照"天地之性人为贵"理念治国的人。经过一系列的改革,光武一朝政治清明,百姓安居乐业,不同民族之间和睦相处,不仅实现了"中兴"大业,也为后来的明章之治奠定了坚实的基础,造就了东汉盛世。对于我们当前推进的改革事业而言,改革既非小修小补,也非大砍大建,必须从具体实际出发,以更大的政治勇气和智慧不失时机地深化重要领域改革,突破利益固化的藩篱,打掉利益垄断的痼疾,从而进一步解放和发展社会生产力,使得改革的红利更多地惠及广大人民。

> 采其一美,不求备于众。

——史料出处:《后汉书·马援列传》

原文

臣闻王德圣政,不忘人之功,采其一美,不求备于众。故高祖赦蒯通而以王礼葬田横,大臣旷然,咸不自疑。夫大将在外,谗言在内,微过辄记,大功不计,诚为国之所慎也。故章邯畏口而奔楚,燕将据聊而不下。岂其甘心末规哉,悼巧言之伤类也。

经典导读

此句话出自朱勃向光武帝所进呈的《诣阙上书理马援》中。马援是东汉初年辅佐刘秀一统天下的著名将领,尤其是西破诸羌,南征交趾,功勋卓著,被授予"伏波将军",官封

"新息侯"。后来,又不顾年高体迈南征武陵五溪蛮,由于疠疫及劳顿,因病而死。他的副将耿舒等由于向来与马援不和而使人趁机陷害马援,在多番诬陷之后,光武帝下诏收回马援"新息侯"的印绶,命其棺柩不得归葬扶风祖坟。马援生前的同僚宾客因为怕受到牵连,竟然没有一人敢于仗言,马援的后人先后六次上书鸣冤,刘秀也都不予理睬。此时,与马援私交甚好的朱勃挺身而出,冒死上言,对马援的为人和功业做了如实评述,使得刘秀最终下旨令马援可以归葬扶风祖茔,不再追究此事。马援后来历经汉明帝、汉章帝两朝才得以平反,追谥为"忠成",朱勃也因"上书陈状,不顾罪戾"而得到旌表。

文意阐释

美,按照古人的解释,即"嘉也、好也"的意思,用来指称人的品行。备,完备。全句的意思是说,只要有一个好的优点就予以采用,而不要过于对人求全责备。这是儒家一直以来信守的道德传统,早在《尚书》和《论语》中就有体现。《尚书·伊训》中说"与人不求备",《论语》中也有"无求备于一人"的记载。两者都旨在说明要善于发现和肯定别人身上的长处和优点,宽以待人,不可求全责备。孔子还特别指出,与君子相比而言,小人"难事而易说(通悦)……及其使人也,求备焉"(《论语·子路》),说明小人在用人之时很喜欢求全责备。君子则反之,不会求全责备于他人。实际上,"与人不求备"还对应于另一句话,即"检身若不及"。意思是说,在宽以待人的同时还要严于律己，多检点自身的不足之处并加以纠正。这两句话常常被放在一起使用，用来指导个人的修身。

知识拓展

俗话说：金无足赤，人无完人。每个人都有自己的长处和优点，也有一些不足和欠缺。这就需要我们在认识和评判一个人的时候不可过于严苛，要善于发现别人好的一面，而不可一味地求全责备。中国古代警策身心的名言汇集《格言联璧》中说"持己当从无过中求有过，待人当于有过中求无过"，其所表达的也是要"采其一美，不求备于众"的意思。在新时代的背景下，国家发展靠人才，民族振兴也要靠人才，办好中国的事情就尤其要发扬"采其一美，不求备于众"的精神。因为任何事情成功的关键都在于人才，综合国力的竞争，社会主义现代化事业的开拓，说到底都需要聚天下英才而用之。只有让各方面的人才各得其所、尽展其长，才能更好地汇聚并激励人才，为我国实现第二个百年奋斗目标、实现中华民族伟大复兴的中国梦贡献智慧和力量。但这并不意味着我们党对人才的选拔和使用没有标准和原则，做好人才工作必须把好政治关，坚持正确的政治方向，因为我们党对干部的要求首先就是政治上的要求。习近平总书记多次强调，"政治上有问题的人，能力越强、职位越高，危害就越大"。如果没有良好的政治品格，在党性上出了问题，做政治上的"摇摆人"和"两面人"，即使有再大的能力也不能选用，更不能任用。因此，对于党的广大干部来说，政治上的要求是第一位的，选拔任用党的干部首先要看政治上清醒不清醒，坚定不坚定，从一开始就要严把政治关，从源头上堵住危害，进而通过营造良好的政治生态使其充分施展自己的才华。同时也要积极鼓励人才身怀爱国之心、砥砺报国之志，自觉主动地担负起时代赋予的使命与责任。广大党员干部时刻要用党章、用共产党员的标准要求自己，不仅提高自己处理问题的能力，更要加强自身的道德修养，要本着"与人不求备、检身若不及"的精神，结合时代的新要求继承和发扬中华优秀传统文化，按照做一个好干部的要求，不断改造主观世界，加强党性修养，时刻勉励自己，踏踏实实在自己的岗位上做出应有的贡献。

> 刑罚不能加无罪,邪枉不能胜正人。

——史料出处:《后汉书·桓谭冯衍列传》

原文

哀、平间,位不过郎。傅皇后父孔乡侯晏深善于谭。是时,高安侯董贤宠幸,女弟为昭仪,皇后日已疏,晏默默不得意。谭进说曰:"昔武帝欲立卫子夫,阴求陈皇后之过,而陈后终废,子夫竟立。今董贤至爱而女弟尤幸,殆将有子夫之变,可不忧哉!"晏惊动,曰:"然,为之奈何?"谭曰:"刑罚不能加无罪,邪枉不能胜正人。夫士以才智要君,女以媚道求主。皇后年少,希更艰难,或驱使医巫,外求方技,此不可不备。又君侯以后父尊重而多通宾客,必贻致讥议。不如谢遣门徒,务执廉悫,此修己正家避祸之道也。"晏曰："善。"遂罢遣常客，入白皇后，如谭所戒。后贤果风太医令真钦，使求傅氏罪过。遂逮后弟侍中喜，诏狱，无所得，乃解，故傅氏终全于哀帝之时。及董贤为大司马，闻谭名，欲与之交。谭先奏书于贤，说以辅国保身之术，贤不能用，遂不与通。当王莽居摄篡弑之际，天下之士，莫不竞褒称德美，作符命以求容媚，谭独自守，默然无言。

经典导读

桓谭是东汉之际的经学家，为人平易，博学多通。他一反当时的时代风气，极力批判东汉初年盛行的谶纬和灾异之说，后世传有《新论》一书。当时汉哀帝因为宠幸董贤的妹妹而疏远了傅皇后，皇后之父傅晏因此闷闷不乐。桓谭便给傅晏讲了历史上"汉武帝立卫子夫为皇后"的故事，并劝说傅晏要早做准备，小心提防皇后被废的事情发生。傅晏向桓谭求教，桓谭告诫傅晏一定不要让皇后驱使医巫，也不要在外求方技之人以免被抓住把柄而遭致陷害，傅晏自己身为国丈也应该遣散门客，廉洁谨慎，只有如此才可以免于灾祸。"刑罚不能加无罪，邪枉不能胜正人"，便出自桓谭给傅晏的谏言。后来，傅氏不仅遵照桓谭的话修己正家，还将桓谭的建议告诉皇后，才得以保全于哀帝之时。

文意阐释

邪枉,指的是邪曲不正;正,则指正直、正气。全句的意思是刑罚不能施于无罪之人,邪枉不会战胜正直之士。这是儒家仁政思想的一个重要体现,多次出现于古代典籍之中。比如"凡兵,不攻无过之城,不杀无罪之人"(《尉缭子》),"刀斧虽利,不加无罪之人"(石天基《传家宝》)、"用道治者不杀无罪,而罚不加于无辜"(《史记·蒙恬列传》)等。邪不胜正更是自古以来为人们所普遍信奉的道德准则。汉代贾谊说"方直不曲谓之正,反正为邪"(《贾子》),引申而言就是要明正理,走正道。

知识拓展

刑罚不能加无罪,邪枉不能胜正人,是我国古代法治精神的一种展现,既有着深厚的历史底蕴,也有着长远的镜鉴意义。当然,从传统文化的特质来看,它不仅契合了法的精神,同时也是礼的精神的一种集中表达,从而与古代"礼法"一词有着深刻的意义关联,在历史上有着深远的影响,充分反映了古人的法治理念,即使在今天看来,也有着鲜明的警示价值。当前,我国正处于全面推进建设社会主义法治国家的进程中,坚持严格依法办事,保证有法必依、执法必严、违法必究是社会主义法治原则的基本要求,也是衡量我们执法成效的基本标准。就我国目前所处的环境而言,要有效遏制违法犯罪事件的高发态势，既要毫不动摇地坚持有法必依，严加惩治一切违法之事；更要执法必严，确保执法程序的公开透明、规范严密，严格避免冤假错案的发生和出现。"刑罚不能加无罪，邪枉不能胜正人"，在新时代背景下的意义就在于警示我们在依法治国的过程中，要牢记邪不压正的古训，切忌执法不规范、不公正和不文明，一定坚守社会主义法治原则，不可败坏党和政府的形象，损害国家法律的尊严和权威。坚持全面依法治国，是中国特色社会主义制度和国家治理体系的显著优势。党的十八届四中全会明确提出全面推进依法治国的总目标是建设中国特色社会主义法治体系、建设社会主义法治国家。在这个伟大进程中，我们党提出要加快法治领域改革，努力确保人民群众都能在每一项法律制度、每一个执法决定、每一宗司法案件中都能真切地感受到公平正义的目标，因此，决不允许滥用权力侵犯人民群众的合法权益，更不允许知法犯法造成冤假错案。唐代吴兢编撰的《贞观政要》中说"理国要道，在于公平正直"，这句话对当今社会依然有警示作用，促进社会公平正义是政法工作的核心价值追求，司法机关是维护社会公平正义的最后一道防线，要让群众切实感受到公平正义就在身边，决不允许那些滥用权力、违法侵犯群众合法权益的事情出现。

习近平总书记指出，领导干部要多读一点历史，"在中国的史籍书林之中，蕴含着十分丰富的治国理政的历史经验。其中包含着许多涉及对国家、社会、民族及个人的成与败、兴与衰、安与危、正与邪、荣与辱、义与利、廉与贪等等方面的经验与教训"(《习近平：领导干部要多读一点历史》，新华社新媒体，2018年7月5日)。广大党员干部平时一定要多读一点历史，多照历史的镜子，以史明智，把握历史规律，提升战略四维，切忌不学无术。在面对公和私、是与非、正与邪时，一定要坚信正义必将战胜邪恶，把对党和人民的忠诚牢记在心，从而继续沿着正确的道路奋勇前进。

赏必行,罚必信。

——史料出处:《三国志·魏志·任城陈萧王传》

原文

任城威王彰,字子文。少善射御,膂力过人,手格猛兽,不避险阻。数从征伐,志意慷慨。太祖尝抑之曰:"汝不念读书慕圣道,而好乘汗马击剑,此一夫之用,保足贵也!"课彰读诗、书,彰谓左右曰:"丈夫一为卫、霍,将十万骑驰沙漠,驱戎狄,立功建号耳,何能作博士邪?"太祖尝问诸子所好,使各言其志。彰曰:"好为将。"太祖曰:"为将奈何?"对曰:"被坚执锐,临难不顾,为士卒先;赏必行,罚必信。"太祖大笑。建安二十一年,封鄢陵侯。

经典导读

"赏必行,罚必信",此话出自曹操之子任城威王曹彰之口。曹彰是曹丕之弟,曹植之兄,善于射御,膂力过人。因其胡须为黄色,又被曹操亲切地称之为"黄须儿"。曹彰不好读书,常常想驰骋疆场,建功立业。有一次,曹操问起来几个儿子的爱好,让他们各自谈谈自己的志向。曹彰说自己愿做将帅。曹操问他做了将帅要干什么呢?曹彰回答说:"披坚执锐,临难不顾,身先士卒;赏必行,罚必信。"后来北征乌丸,赏罚严明有度,取得了重大胜利,将士无不欢喜。据史所载,"鲜卑大人轲比能将数万骑观望强弱,见彰力战,所向皆破,乃请服。北方悉平"(《三国志》)。曹操大喜,摸着曹彰胡须说:"黄须儿竟大奇也!"

文意阐释

赏必行,罚必信,是一种互文的说法,并非单独地说赏罚,而是合在一起,指的是赏罚一定要有凭有据,说到做到,不能只是虚言。所谓赏,就是赏有功;所谓罚,就是罚有罪,不仅赏罚要严明,功罪也要严明,这才是赏必行,罚必信的要义所在。古人常讲,不以规矩,不能成方圆。赏罚必须依托于一定的制度才能得到很好的贯彻,也才能取得很好的效果。既不能只赏不罚,也不能只罚不赏,更不能赏罚无度,肆意为之。正如北宋司马光在《资治通鉴》中所说的,"有功必赏,有罪必罚,则为善者日进,为恶者日止"。

知识拓展

赏必行,罚必信,是自古以来为人所信奉的一个朴素准则,它的意义是超越时空限制的。俗话说,国有国法,家有家规,小到一家一户,大到一邦一国,没有严明的规矩和制度,甚至有视为无,大视为小,规矩和制度等同于摆设,势必要乱成一盘散沙,最终一事无成。法度整饬,纪律严明,是任何一个人想要办成大事的重要保证。军队如果赏罚不明,就会军心涣散,军纪松弛,无法形成强有力的军力。朝廷也是如此,如果朝廷赏罚无度,就会引起内讧,造成内耗,不利于朝纲稳定。自古及今,莫不如是。

改革开放以来,我们在各方面都取得了巨大的进步,但也面临着很多不容回避的挑战和问题。习近平总书记多次告诫广大党员干部一定要把守纪律讲规矩摆在更加重要的位置。他指出:"领导干部要把深入改进作风与加强党性修养结合起来,自觉讲诚信、懂规矩、守纪律、襟怀坦白、言行一致,心存敬畏、手握戒尺,对党忠诚老实,对群众忠诚老实,做到台上台下一种表现,任何时候、任何情况下都不越界、越轨"(《习近平在辽宁考察:深入实施创新驱动发展战略 为振兴老工业基地增添原动力》,新华网,2013年9月2日)。

规矩的重要性不言而喻,我们党历来把守纪律讲规矩摆在更重要的位置。从革命年代盛行的"三大纪律、八项注意",

到全方位扎紧制度笼子、发挥巡视利剑作用，其本质上都是全面从严治党的体现。我们党肩负着团结和带领全国各族人民实现第二个百年奋斗目标、实现中华民族伟大复兴的历史使命，同时也深刻面临着执政考验、改革开放考验、市场经济考验、外部环境考验等"四大考验"，以及精神懈怠危险、能力不足危险、脱离群众危险、消极腐败危险等"四种危险"，必须着眼于新的形势任务，正风肃纪，严明党的政治纪律，把党的规矩不打折扣地执行下去，这对于中国特色社会主义事业的稳步推进意义重大。"赏必行，罚必信"在新时代的意义还在于，我们在全面依法治国的过程中，要把权力运行制约和监督体系搞严实，严格推进干部能上能下的措施。坚决选拔任用讲规矩、有能力、肯担当的干部，对政治上不守规矩、喜欢搞两面派的干部坚决罢免。千里之堤，毁于蚁穴；千里之行，始于足下，赏罚严明还必须做到抓早抓小，从点滴做起。规矩面前没有大小，法律面前无轻重，只要违反一概依法依规论处。赏罚面前也没有关系人情，只要是组织作出的正确决定，就必须要严格执行。俗话说："举头三尺有神明。"那些心存侥幸的党员干部千万不要以身试法。天网恢恢，疏而不漏，广大领导干部一定要牢记习近平总书记关于纪律和规矩的重要论述，老老实实做官，清清白白做人，在自己的岗位上做出应有的贡献。

知祸将至而留之，非智也；
见正不从而疑之，非义也。

——史料出处：《三国志·蜀志·刘彭廖李刘魏杨传》

原文

今足下弃父母而为人后，非礼也；知祸将至而留之，非智也；见正不从而疑之，非义也。自号为丈夫，为此三者，何所贵乎？以足下之才，弃身来东，继嗣罗侯，不为背亲也；北面事君，以正纲纪，不为弃旧也；怒不致乱，以免危亡，不以徒行也。

经典导读

此话出自孟达在率兵降魏之后给刘封的劝降信。刘封有武艺，气力过人，被刘备收为养子，在平定蜀地之时多有功绩，深为刘备所器重。可惜在后来一步不当，酿成大错。当关羽被围困在樊城和襄阳之时，多次曾向孟达和刘封求救，但二人均以"山郡初附，未可动摇"（《三国志·刘封传》）的缘故不予援助。后来，关羽被俘身亡，刘备大恼，因此心中衔恨不已。而孟达又因和刘封忿争不和，且被夺去权力，遂辞别刘备，率兵降魏，被封为新城太守。在与夏侯尚、徐晃袭击刘封之前，孟达写信进行劝降，但被刘封拒绝。后因申仪叛变，刘封败还成都，刘备以此责备他既欺侮孟达，又不援救关羽，造成今日不可收拾之局面。诸葛亮则担心刘封因为性格刚猛，恐怕刘备去世之后无人能够制御，于是便劝刘备趁机除掉他。刘备下旨赐刘封自尽，刘封死前感慨道："后悔不早听孟达的话！""先主为之流涕"（《三国志·刘封传》）。陈寿则评价他是"招祸取咎，无不自己也"（《三国志·蜀书·刘彭廖李刘魏杨传》）。

文意阐释

　　智和义是古人倍加推崇的德性，也是被广为信奉的行为准则。孔子说"知者不惑"（《论语·子罕》），孟子说"是非之心，智之端也"，它与仁、义、礼三德是"非由外铄我也，我固有之也"（《孟子·告子上》），突出的是"智"德明辨是非的功能，所以就有了"智之实，知斯二者（仁义）弗去是也"（《孟子·离娄上》）的说法。义，按照刘熙《释名》的解释，是"宜也。裁制事物，使各宜也"。全句的意思是说，知道祸患将要到来还把它留下，是不明智的；看到何为正确却不顺从还要质疑，是不适宜的。孔子说，"君子之于天下也，无适也，无莫也，义之与比"（《论语·里仁》）。就是告诫人们要明白是非，有所为有所不为，按照道义的原则行事。

知识拓展

全身远祸，见正而从，是普遍意义上人们乐于所为的。但这首先要求人们要明辨什么是真正的祸患，什么是正确的行为。否则，就很容易以一己私见而颠倒是非黑白，从而事与愿违。从这个层面来说，就警示人们不要被小智小慧所蒙蔽，而要通晓大是大非，在此基础上再作出合适的决定。这一点，对于当今广大领导干部而言，有着重要的启示意义。

办任何事一定要实事求是，具体问题具体分析，而不能从理论来到理论去，忽视了滋养理论的实践沃土。中国是人民当家作主的国家，中国共产党自始至终都把全心全意为人民服务作为自己的宗旨，把人民对美好生活的向往作为自己的奋斗目标。凡是违背人民利益和损害人民福祉的行为都必然是不正确的；凡是谋民生之福、解民生之忧的都必然是正确的，应该坚持的。这是评判大是大非的标准所在，也是衡量"智"和"义"的尺度所在，必须在现实中一以贯之地践行。

是非观对一个人的思维和行为影响很大，既反映其道德价值取向，也反映其实践准则，对于党员干部尤其如此。习近平总书记指出，党员干部必须树牢正确的是非观，做到善于明辨是非、善于决断选择，始终保持鲜明的是非观念和共产党人的政治本色。对于党员干部而言，要牢固树立马克思主义信仰，始终把人民的根本利益放在最高位置，特别是要将其作为最坚定的党性来坚守，不断提高党性修养。习近平总书记明确指出，"党的事业，人民的事业，是靠千千万万党员的忠诚奉献而不断铸就的。我们一定要把党摆在心头正中，增强政治意识、大局意识、核心意识、看齐意识，自觉站在党和人民立场上，对党忠诚、为党分忧、为党担责、为党尽责，竭尽全力完成党交给的职责和任务"（《习近平：在纪念刘华清同志诞辰100周年座谈会上的讲话》，新华社，2016年9月28日）。

> 知祸将至而留之，非智也；见正不从而疑之，非义也。

贪于近者则遗远,溺于利者则伤名。

——史料出处:《晋书》帝纪第一

原文

古人有云:"积善三年,知之者少,为恶一日,闻于天下。"可不谓然乎。虽自隐过当年,而终见嗤后代。亦犹窃钟掩耳,以众人为不闻;锐意盗金,谓市中为莫睹。故知贪于近者则遗远,溺于利者则伤名。若不损己以益人,则当祸人而福己。顺理而举易为力,背时而动难为功。况以未成之晋基,逼有余之魏祚。虽复道格区宇,德被苍生,而天未启时,宝位犹阻,非可以智竞,不可以力争,虽则庆流后昆,而身终于北面矣。

经典导读

据史所载，晋明帝曾经问王导自己先祖获取天下的经历，王导就如实地把司马懿当年欺诈谋权的事迹讲了一番，尤其是谈到了司马昭弑杀曹魏第四位皇帝高贵乡公曹髦的事情。司马懿当年为了篡权，把曹爽以及依附于曹爽的势力全部屠杀三族，无论男女老少，甚至已经嫁人的都一概杀之。司马昭又犯上作乱，造下弑君之罪。晋明帝听闻后羞赧不已，以面覆床，说如果真像王导说的那样，晋代的国祚又怎么会长久呢！晋明帝的行为想要表达的是耻于以此欺诈的手段取得成功，并不对本朝先祖的污点有遮掩和粉饰。《世说新语》中也记载了这个故事，里面说"王迺具叙宣王创业之始，诛夷名族，宠树同己，及文王之末，高贵乡公事。明帝闻之，覆面著床曰：'若如公言，祚安得长！'"也可以看出晋明帝的满怀羞赧。正如史书中所说的，即使当年之事已经被掩盖了，但终究会被后人嗤笑，这是无法遮蔽的。

文意阐释

贪于近者则遗远，溺于利者则伤名，意思是贪图于近者就会失之于长远，沉溺于财利就会有伤于清名。贪，按照《说文解字》的解释，是"欲物"的意思，即对某些东西有欲求。王逸在对《离骚》"众皆竞进以贪婪兮"做注时说，"爱财曰贪，爱食曰婪"。溺，原意指的是水名，即弱水。后用来指称人情沉湎不返，不知节制。这句话用来告诫人们不能被眼前的得失所迷惑，而要将眼光放得长远一点，也不要沉溺于财利之中而有损清名。

知识拓展

就像史书所记载的那样，"窃钟掩耳，以众人为不闻；锐意盗金，谓市中为莫睹"，自以为手段高明，能避开人间耳目，实际上只要是做了就无法被彻底掩盖。正如《道德经》中所说的，"天网恢恢，疏而不漏"，千万不可心存侥幸。如何正确处理眼前利益和长远利益，以及名利之间的矛盾冲突，需要具备相当的智慧，不被蒙蔽才是。事实上，无论做人还是做事，因为只贪图眼前而不计长远的教训数不胜数，那些只图钱财不计名声的事迹也十分常见。《周易》中说："积善之家必有余庆，积不善之家必有余殃。"这句话也在劝导人们要分清楚是非善恶，不可肆意而为。祸福无门，唯人自召。

古今异用,
循方必壅,
大道隐于小成,
欲速或未必达。

——史料出处:《宋书》列传第二十

原文

陛下近当仰推天意,俯察人谋,升平之化,尚存旧典,顾思与不思,行与不行耳。大宋虽揖让受终,未积有虞之道,先帝登遐之日,便是道消之初。至乃嗣主被杀,哲藩婴祸,九服俳徊,有心丧气,佐命托孤之臣,俄为戎首。天下荡荡,王道已沦,自非神英,拨乱反正,则宗社非复宋有。革命之与随时,其义尤大。是以古今异用,循方必壅,大道隐于小成,欲速或未必达。深根固蒂之术,未洽于愚心,是用猖狂妄作而不能缄默者也。臣既顽且鄙,不达治宜,加之以笃疾,重之以昏耄,言或非言而复不能无言,陛下录其一毫之诚,则臣不知厝身之所。

经典导读

范泰是南北朝时期宋朝著名人士,在政治、文学上颇有声名,是写下《后汉书》的史学家范晔之父。曾多次上书皇帝,内容涉及设立国学、善治政事、整治旱灾等,极富教益。史书说他博览经籍,好作文章,经常提拔年轻人并为之孜孜不倦。他撰有《古今善言》二十四篇及文集,传于后世。这篇谏言就出自他对当时出现的旱灾和疠疫的考虑,认为皇帝在治道方面不懈于内,劳心劳力且善待百姓,按理不应出现这种灾害。如今天下板荡,王道沦丧,皇帝想要有所作为,拨乱反正,就要有所革新。所以范泰说"革命之与随时,其义尤大",就是凸显顺随时宜有所创革之意。

文意阐释

方,常理、常法的意思。壅,壅塞、堵塞。"大道隐于小成"语出于《庄子·齐物论》:"道隐于小成,言隐于荣华。""小成"另见于《周易·系辞上》:"十有八变而成卦,八卦而小成。"小成与大成相对,指的是小有成就的意思,犹有可进步的空间。"古今异用,循方必壅,大道隐于小成,欲速或未必达",这句话的意思是,古今之用各有不同,依循常理必会遇阻。大道隐于微小的成就之中,急于求快反而不能达到目的。方孝孺在《赠林公辅序》中说"不安于小成,然后足以成大器",与此意思正相辅益,可做补充。

知识拓展

如何看待古今之间的辩证关系,是一个由来已久的问题。这里面不仅涉及传承和发展的问题,也涉及变与不变的问题。从唯物主义的立场来说,要以发展、运动的观点看问题,根据实际情况具体分析,把古今所面对的不同的社会条件进行客观的分析,然后再在此基础上予以相关的判断。这就既不能以现代人的眼光非难古人,也不能被传统的力量所束缚而不知与时偕行。凡是急于求成的也大多会以失败告终。《礼记》中说,"凡事预则立,不预则废"。要在合理预判和分析的基础上再予以实践,而不是一味地大张旗鼓。大道隐于小成,其实也是告诉人们要积微成著、积小成大,然后才能达到最终的目标。

若德允物望,
夷貊犹可推心共处;
如其失理乖道,
金城汤池无所用也。

——史料出处:《南齐书》卷二十五　列传第六

原文

圣明启运,苍生重造,普天率土,谁不歌抃!实是披心罄节、奉公忘私之日,而卿大收官妓,劫夺天藏,器械金宝,必充私室,移易朝旧,布置私党,被甲入殿,内外宫阁管籥,悉关家人。吾不知子孟、孔明遗训如此?王、谢、陶、庾行此举止?且朱方帝乡,非亲不授,足下非国戚也,一旦专纵自树,云是儿守台城,父居东府,一家两录,何以异此?知卿防固重复,猜畏万端,言以御远,实为防内。若德允物望,夷貊犹可推心共处;如其失理乖道,金城汤池无所用也。文长以戈戟自卫,何解灭亡。吴起有云:

"义礼不修,舟中之人皆雠也。"足下既无伍员之痛,苟怀贪悗而有贼宋之心,吾宁捐申包之节邪?

经典导读

这里面谈到的是沈攸之修书劝诫萧道成的事情。477年,萧道成杀宋后废帝,拥立宋顺帝,沈攸之起兵于荆州,反抗萧道成。在此期间,沈攸之多次给萧道成写信规劝,但萧道成反心已定,派兵讨伐沈攸之。沈此时还想拉拢萧的部下张敬儿一起起兵,并派使者前去,但张斩杀使者,表奏朝廷,一同攻打沈攸之。不久,沈的部下刘攘兵也向官军投降,沈一怒之下杀了刘的儿子,自己也节节败退,两个儿子和四个孙子也被张敬儿所诛杀。沈攸之手下士卒离散,自己也无处可逃,与其儿子文和走到华容界,自杀身亡。村民将其首级送到了江陵张敬儿之处,最后传送至都城,为此事画下了句号。

文意阐释

允,按照《说文解字》和《尔雅》的解释,"信也",即诚实不欺之意。物望,即众望。夷貊,指代中原地区之外的少数民族,东方曰夷,北方曰貊。乖,有违的意思。金城汤池,语出于《汉书·蒯通传》:"边地之城,必将婴城固守,皆为金城汤池,不可攻也。"唐代颜师古解释为"金以喻坚,汤喻沸热不可近",寓意牢不可破。"若德允物望,夷貊犹可推心共处;如其失理乖道,金城汤池无所用也",全句的意思是,如果品德合于众望，即使是夷貊之人犹且可以推心共处一起；倘若背理而违道，即使有坚固的城池也无甚用处。

知识拓展

沈攸之作为南北朝时期南朝名将，曾多次为刘宋王朝平定地方叛乱，声望日隆。但其为人刻暴，常鞭挞士大夫，甚至还当面责骂，不得人心。齐高帝萧道成说他"狡猾用数，既杀从父，又害良朋"。但从另一方面来说，司马光也承认沈攸之在吏治方面比较在行，人不敢欺，他所治理的境内，没有猖獗的盗贼，百姓夜不闭户。"若德允物望，夷貊犹可推心共处；如其失理乖道，金城汤池无所用也"是自古以来人们秉持的一种看法，认为非我族类其心必异，唯有道德可以感召，使其心悦诚服。同时，孟子也说过"域民不以封疆之界，固国不以山溪之险，威天下不以兵革之利，得道多助，失道寡助"。妄图依靠外在的屏障来维护自己的统治，而不守道循理，必定会走向灭亡。贾谊在《过秦论》中说秦始皇"自以为关中之固，金城千里，子孙帝王万世之业也"，然而经过陈涉这些底层人士的发难，居然土崩瓦解，身死人手，为天下笑，是因为"仁义不失而攻守之势异也"的缘故。从沈攸之的角度来看，其实也是失理乖道的结果。

暂劳永逸,必获后利。

——史料出处:《梁书》卷八 列传第二

原文

吴兴郡屡以水灾失收,有上言当漕大渎以泻浙江。中大通二年春,诏遣前交州刺史王弁假节,发吴郡、吴兴、义兴三郡民丁就役。太子上疏曰:"伏闻当发王弁等上东三郡民丁,开漕沟渠,导泄震泽,使吴兴一境,无复水灾,诚矜恤之至仁,经略之远旨。暂劳永逸,必获后利。未萌难睹,窃有愚怀:所闻吴兴累年失收,民颇流移。吴郡十城,亦不全熟。唯义兴去秋有稔,复非常役之民。即日东境谷稼犹贵,劫盗屡起,在所有司,不皆闻奏。今征戍未归,强丁疏少,此虽小举,窃恐难合,吏一呼门,动为民蠹。又出丁之处，远近不一，比得齐集，已妨蚕农。去年称为丰岁，公私未能足食。如复今兹失业，虑恐为弊更深。且草窃多伺候民间虚实，若善人从役，则抄盗弥增，吴兴未受其益，内地已罹其弊。不审可得权停此功，待优实以不。圣心垂矜黎庶，神量久已有在。臣意见庸浅，不识事宜，苟有愚心，愿得上启。"高祖优诏以喻焉。

经典导读

此处上表之事出自昭明太子，谈的是当时吴兴郡屡遭水灾而粮食歉收之事。昭明太子，即萧统，是南朝梁宗室，梁武帝长子，以仁德闻名。当太子之时，广延人才，志于著述，当时东宫即被誉为"名才并集，文学之盛，晋、宋以来未之有也"。可惜因病早逝，谥号昭明，所以称之为昭明太子。有《昭明文选》一书传世，影响极为深远，世称"选学"。吴兴这次水灾有人建议挖掘河道泄洪入江浙一带，萧衍即派人到吴兴等郡征丁服役。昭明太子听闻后便上表劝谏，认为这样的话不仅会耽误蚕事和农耕，也会使盗贼乘虚作乱。如此一来，吴兴还没受益，内地就已经先蒙受其害了。

文意阐释

暂劳永逸，语出自东汉时期的张衡《西京赋》"暂劳永逸，无为而治"，与一劳永逸意思相近。扬雄在《谏勿许单于朝疏》中说"不一劳者不久佚",佚,通"逸",逸豫安乐之意。班固《封燕然山铭》"兹可谓一劳而久逸,暂费而永宁者也",都是相近的说法,意思是一致的。"暂劳永逸,必获后利"的意思是,以一时辛劳换取长久安逸,必定会得到大利。这句话常用来形容人们要在关键时候尽力一次把事办好,以后就可以安享逸豫,最终也必定会有好的结果。

知识拓展

从一般意义上来看,人类社会并不存在一劳永逸的事情。历史上的治乱兴衰、存亡得失也昭示着一个事实:只有持久不懈地努力,才能有所成就。但昭明太子这里的话并非与此相悖,而是从另一个层面来劝谏人们要在事物变化发展的关键阶段用力,也可以说是要从纷繁迷乱的情况下抓重点抓关键,抓主要矛盾和矛盾的主要方面,这样就会取得良好的效果。否则的话,就会当断不断、反受其乱,暂劳永逸正是从这个意义上来说的,而非告诉人们真有所谓通过一次努力就从此无忧无虑的事情。因为总有一种矛盾与其他矛盾相较而言,处于支配地位,能够对事物的发展起到决定作用。暂劳也要从这方面的关键矛盾之处去用力。马克思主义认为,万事万物都处于一个不断变化发展的运动过程之中,必须以联系的观点、辩证的观点看问题,这正是我们理解暂劳永逸应该注意的。

> 爱惠以抚孤贫，威刑以御强猾。

——史料出处：《陈书》卷二 本纪第二

原文

自梁氏将末，频月亢阳，火运斯终，秋霖奄降。翌日成礼，圆丘宿设，埃云晚霁，星象夜张。朝景重轮，泫三危之膏露，晨光合璧，带五色之卿云。顾惟寡薄，弥惭休祉，昧旦丕显，方思至治。卿等拥旄方岳，相任股肱，剖符名守，方寄恤隐。王历惟新，念有欣庆，想深求民瘼，务在廉平，爱惠以抚孤贫，威刑以御强猾。若有萑蒲之盗，或犯戍商，山谷之酋，擅强幽险，皆从肆赦，咸使知闻。如或迷途，俾在无贷。今遣使人具宣往旨，念思善政，副此虚怀。庚辰，诏出佛牙于杜姥宅，集四部设无遮大会，高祖亲出阙前礼拜。初，齐故僧统法献于乌缠国得之，常在定林上寺，梁天监末，为摄山庆云寺沙门慧兴保藏，慧兴将终，以属弟慧志，承圣末，慧志密送于高祖，至是乃出。

经典导读

陈霸先是南北朝时期陈朝开国皇帝，为人倜傥大度，博涉史籍且深通兵法。《陈书》载其"明达果断，为当时所推服"。后人说他为政宽仁而务求节俭，雄杰过人而知人善任，"昧旦丕显，方思至治"，功名成就在南朝几个皇帝中推为第一，赢得了后世交口一致的推尚。从他平定交趾之乱、讨伐侯景以及抵御北齐来看，可谓隆功茂德，史谓"功名之盛，江左之冠"。近代著名的史学家吕思勉先生甚至说过，从古至今创业开国的人君，没有比陈霸先的手段更正当的了。史料出自陈霸先所下诏书，陈述梁灭陈兴的天命之数以及自己施政的理念，下令宣布四方以昭示天下，并表达了自己说到做到的期望。

文意阐释

以爱惠和威刑并举是古文中常见的一种比照，多用来形容为政的方针和特色。如《韩非子·奸劫弑臣》中说"严刑重罚以禁之，使民以罪诛，而不以爱惠免"，爱惠即仁爱惠泽。抚，安抚。孤，按照《说文解字》的注释，"无父也"，是贫民（鳏、寡、孤、独）之一。贫，财少。《庄子·让王》中说"无财谓之贫"。威刑与严刑的意思很相近,古籍中也比较多见,如《左传·隐公十一年》中的"既无德政,又无威刑"。御,即统御。强猾,亦作彊猾,彊,暴也,猾有刁滑之意。"爱惠以抚孤贫,威刑以御强猾"的意思是,通过仁爱惠泽去安抚无父少财之人,用严厉的刑罚去统御强暴刁滑之人。

知识拓展

爱惠和威刑,从传统的角度来说,被视为是为政之道的两个重要的尺度和法则,也是自古宽猛之道的主要表现。就像《左传·昭公二十年》中说的,"政宽则民慢,慢则纠之以猛,猛则民残,残则施之以宽。宽以济猛,猛以济宽,政是以和"。宽即爱惠,猛即威刑。这两者是相辅相成的。此外,也还要分清楚两者所针对的不同对象和主体,不然就容易造成民怨沸腾。就像陈霸先所说的,对于孤贫无依之人,要施以爱惠,保护他们不受伤害;而对于那些奸猾暴强之人,则要加之以严厉的刑罚。不过,从另一个层面来说,孔子曾告诫过人们既不可一味地仁慈,也不可一味地用威刑。因为"道之以政,齐之以刑,民免而无耻。道之以德,齐之以礼,有耻且格"。威刑能使人免于受罪不被惩罚,却没有廉耻之心,将来仍不免会重犯。只有用道德和礼义去引导和归化百姓,才能使他们有廉耻之心并且革除自己身上的陋习。

变法改度,宜为更始。

——史料出处:《魏书》帝纪第一

原文

朕永鉴四方,求民之瘼,夙兴昧旦,至于忧勤。故宪章旧典,始班俸禄。罢诸商人,以简民事。户增调三匹,谷二斛九斗,以为官司之禄。均预调为二匹之赋,即兼商用。虽有一时之烦,终克永逸之益。禄行之后,赃满一匹者死。变法改度,宜为更始,其大赦天下,与之惟新。

经典导读

此处所指的是北魏孝文帝,即拓跋宏(467—499),鲜卑族,北魏第七位皇帝。孝文帝在位期间积极推行汉化改革,通过实施一系列向中原文化学习的举措，不仅推动北魏在政治、文化、军事等方面的发展，更为重要的是，通过此次改革，大大地缓解了当时的民族冲突，促进了多元民族间的融合。从长远看，对于推进中国再次走向大一统的历史趋势作出了很大的贡献，在民族间交往的历史上也留下了浓重的一笔。北魏在迁都洛阳全盘汉化之后，在经学、文学方面粲然可观，史书称其"斯文郁然，比隆周汉"。虽不免夸大其辞，但一时兴盛的情况，出现在久经动乱破败不堪的中原确实是值得赞叹的，而这也完全可以通过《洛阳伽蓝记》一书记载的南朝名将陈庆之所说的话来佐证。陈说"自晋宋以来，号洛阳为荒土，此中谓长江以北，尽是夷狄。昨至洛阳，始知衣冠士族，并在中原，礼仪富盛，人物殷阜，目所不识，口不能传"。在当时普遍认为衣冠南渡，历史正统已经移到南方的背景下，对于鲜卑族在礼乐方面所取得的成就不得不说是一种正面的褒扬和认可。

文意阐释

度，按照《说文解字》的解读，是法制的意思，也即法度。改度即更改法度。更始：重新开始，源于司马相如《上林赋》，即"出德号，省刑罚，改制度，易服色，革正朔，与天下为更始"。全句的意思是说，变革法制、更改法度，要重新开始。古往今来，这几个词就形成了相对固定的意思，寓意不要因循守旧，而要有所创新和改革。

知识拓展

魏孝文帝曾向他的臣子坦露过这样的心迹：我身为天子，何必非要居住在中原大地呢？正是想着身后子孙能逐渐接受美善风俗的熏陶，使自己的见识更为广博。倘若一直居住在老地方，又恰好碰上不修文教的君主，岂不是犹如面墙而立了。正是这种虽千万人吾往矣的英雄气概和一往无前的改革勇气，终于功夫不负有心人，使魏孝文帝改革取得了前所未有的成就。当然，历史上对于魏孝文帝的改革持批评意见的也从来不乏其人，甚至有说他"好名慕古而不实见国家大计"，迁都洛阳、推行汉化不过是他贪慕中原文化而作出的虚伪行径。还有人说他的改革全然不顾不同民族传统的优劣，只是一味地全盘汉化，却没有做一番取长补短的举措，最终必然是失败。南迁的鲜卑贵族锦衣玉食，奢侈腐化，而留守北边的却过得像奴隶一样。六镇之乱就是因为迁都洛阳之后熏染了晋人九品中正制度，造成鲜卑族此前赖以立身的贵族即是军人，当兵即是出身的旧习俗被打破，文人视武人为低贱，武人则常怀愤怨。文治基础尚未稳固，武臣的出路已经断塞，终于酿成了边镇的叛乱。从表面上看，是南迁洛阳的文治派与北守边疆的武人之间的冲突，但内在地看，则实在是汉化与鲜卑旧俗之间的冲突。这在当时是一个大的痼疾，可惜并没有被很好地解决，最终爆发而成为祸乱。近代学者吕思勉先生曾说其原因在于"离乎夷狄而未即乎中国，固不免有此祸"，也就是说，摆脱了胡人的习性，却还没有通过汉化立稳脚跟，所以才会导致最后的动乱与分裂，而这都是值得人们深思的。

以德见推,以义见举。

——史料出处:《北齐书》卷二 帝纪第二

原文

去岁封隆之背叛,今年孙腾逃走,不罪不送,谁不怪王。腾既为祸始,曾无愧惧,王若事君尽诚,何不斩送二首。王虽启图西去,而四道俱进,或欲南度洛阳,或欲东临江左,言之者犹应自怪,闻之者宁能不疑。王若守诚不贰,晏然居北,在此虽有百万之众,终无图彼之心。王脱信邪弃义,举旗南指,纵无匹马只轮,犹欲奋空拳而争死。朕本寡德,王已立之,百姓无知,或谓实可。若为他所图,则彰朕之恶,假令还为王杀,幽辱齑粉,了无遗恨。何者。王既以德见推,以义见举,一朝背德舍义,便是过有所归。本望君臣一体，若合符契，不图今日，分疏到此。古语云："越人射我，笑而道之。吾兄射我，泣而道之。"朕既亲王，情如兄弟，所以投笔拊膺，不觉歔欷。

经典导读

高欢，曾是东魏权臣，专权东魏朝政有十六年之久，后来成为北齐王朝的奠基人，后因未能击败西魏而忧愤成疾，不久病逝。他的次子高洋建立北齐，追尊高欢为神武皇帝，庙号高祖。魏帝在高欢手掌大权时曾有怀疑，假借讨伐宇文泰而击高欢。高欢上表说自己并无异心，却提出要勒兵十余万讨荆州以及江左地区，还说自己会约束部下，听候调遣。魏帝知其要叛变，十分忌惮，命群官议论以阻止高欢部下，同时又让温子升敕书一封，追叙君臣情谊，并称赞高欢"以德见推，以义见举"，以期弥合君臣之间的猜忌，足见高欢的权势及其地位。史书称高欢雄才大略，知人好士，节俭朴素，虞世南称其"奇才大节，亦有可称焉"。

文意阐释

推，荐举。《礼记·儒行》中"上弗援，下弗推"，郑玄注为"推犹进也"，孔颖达又解释为"不为下民所荐举也"。《礼记·儒行》中说"推贤而进达之"，也可知其义。举，选用。按照《广韵》的解释，"擎也"，就是举起来的意思，引申为选而任用。如《论语·卫灵公》"君子不以言举人，不以人废言"。《孟子·告子下》中说"傅说举于版筑之间，胶鬲举于鱼盐之中"。后来逐渐用来描述选举制度，如汉代的举孝廉，人们称呼举荐者为举主。以德见推，以义见举，是互文的说法，实际上全句指的是选拔和举荐有德义之人。

知识拓展

德义一直是传统文化中被广为推崇的两个德目，无论是儒家还是道家、法家，莫不如是。尽管在不同的流派之中还有具体而微的差别，但其根本上的内涵是相对固定的，它不仅是个人层面伦理道德的一种表达，也是制度层面行为规范的一种要求，所以被用来作为选人用人的标准。不过，从更高的一个层面来看，南北朝时期民族之间的大交流也促进了民族文化之间的融合。作为少数民族鲜卑族的高欢能浸染如此之深的中原文化，也足以说明德义的普遍有效性。从长远的视角来看，传统文化中的精髓深刻地影响了后世。

举非其人,则大事难集,虽欲立忠建义,其可得乎。

——史料出处:《周书》卷一 帝纪第一

原文

诸将以都督寇洛年最长,相与推洛,以总兵事。洛素无雄略,威令不行,乃谓诸将曰:"洛智能本阙,不宜统御。近者迫于群议,推相摄领。今请避位,更择贤材。"于是赵贵言于众曰:"元帅忠公尽节,暴于朝野,勋业未就,奄罹凶酷。岂唯国丧良宰,固亦众无所依。必欲纠合同盟,复雠雪耻,须择贤者,总统诸军。举非其人,则大事难集,虽欲立忠建义,其可得乎。窃观宇文夏州,英姿不世,雄谟冠时,远迩归心,士卒用命。加以法令齐肃,赏罚严明,真足恃也。今若告丧,必来赴难,因而奉之,则大事集矣。"诸将皆称善。

经典导读

宇文泰,字黑獭,鲜卑族,是南北朝时期北周政权的奠基人和开拓者。为人知人善任,军纪严明。当西魏文帝之际,宇文泰辅政,锐意改革,前后所上二十四条及十二条新制,称为中兴永式,奠定了此后北周政权。贺拔岳想要讨伐曹泥,派人与宇文泰商议。宇文泰认为曹泥不足为虑,应先讨伐侯莫陈悦。但贺拔岳不听,与侯莫陈悦一道征讨曹泥,结果被侯莫陈悦所害。此时士众散还,三军没有归属。诸将想要推举寇洛,寇洛自谦拒绝。赵贵就提议说宇文泰英姿超拔,远近归附,加上法令齐整、赏罚严明,可以奉为总兵。正是在这个背景下,提出了举非其人则大事难成的观点。宇文泰到了后,士卒欢悦,皆说"无所忧矣"。宇文泰在当时的影响可见一斑。

文意阐释

集,《广韵》解释为"就也,成也",即成就的意思。如《尚书·武成》"大统未集",注释解为"大业未就"。《诗经·小雅》中说"我行既集",笺注为"集,犹成也"。虽,即使。建与立义同,《玉篇》:"建,树立也。"全句的意思是,如果荐举之人不当,就难以成就大事,即使想树立忠义也不可得。汉明帝之际曾下诏,遇到举非其人的情况,还要追究并责罚举主,"有司明奏罪名,并正举者"。这种传统影响深远,还把天道和人情相对应进而形成一种神秘主义,如《后汉书·顺帝纪》中说的,"皆以选举不实,官非其人,是以天心未得,人情多怨"。

知识拓展

举非其人,难成大事,是千古以来的一种朴素的说法,它有着深刻的文化根源和传统因素。这里的人实际上兼有德、才两个方面。从儒家的角度来说,在德、才两方面要以德为本、德本才末。据《孔子家语》记载,鲁哀公问政于孔子,孔子回答说"为政在于得人",这里的得人实际就是把那些德才兼备的人选拔上来,用以治国理政。从历史来看,为何选人一定要唯德而非唯才、唯资历呢?以智氏覆灭为例,虽然智瑶有"美鬓长大,射御足力,伎艺毕给,巧文辩慧,强毅果敢",但却为人不仁,刻薄寡恩。智宣子不以为意,仍然选定智瑶作为接班人,担任智氏宗主,结果造成晋国内战,智氏为韩、赵、魏三家所灭亡。从这个意义上来说,就是要做到选贤任能,任人唯贤。贾谊曾说:"有不能求士之君,而无不可得之士。"意思是说,在选人用人方面,求则得之,不求则不得。要想成就一番大事,就必须通过贤者在位,能者就职,才能通过他们在上躬行道德仁义,在下效法践行,从而使上下同道,实现国治民安。

苟利于时,其致一揆,何谓物我之异,无计今古之殊。

——史料出处:《隋书》卷一　帝纪第一

原文

庚子,诏曰:"自古帝王受终革代,建侯锡爵,多与运迁。朕应箓受图,君临海内,载怀沿革,事有不同。然则前帝后王,俱在兼济,立功立事,爵赏仍行。苟利于时,其致一揆,何谓物我之异,无计今古之殊。其前代品爵,悉可依旧。"丁未,梁主萧岿使其太宰萧岩、司空刘义来贺。四月辛巳,大赦。壬午,太白、岁星昼见。戊戌,太常散乐并放为百姓。禁杂乐百戏。辛丑,陈散骑常侍韦鼎、兼通直散骑常侍王瑳来聘于周,至而上已受禅,致之介国。

经典导读

隋文帝杨坚是历史上一位知名的皇帝，也是隋朝的开创者，从史料记载来看，褒贬不一。杨坚于581年接受北周静帝的禅让称帝，改元开皇。隋文帝即位后，对内对外都采取了一系列改革，在政治、经济、文化等方面都取得了不小的成就。建基于此的三省六部制对此后历史的影响极为深远。科举制也肇始于隋文帝，进一步加强了中央集权，调适了不同社会阶层之间的对立关系，不仅是中国自古以来选官制度的重要变革，而且对中国的政治格局也起到了不小的塑型作用。著名史学家范文澜先生说，隋文帝创隋制，为唐以后各朝所遵循，不能因为其历年短暂，就忽略它们在历史上的作用。从时代的视角来看，隋文帝的作为正是顺天应人之事，有其历史必然性，这也是为何他要超越古今物我来看待利于时的作为的。

文意阐释

苟，如果。时，时俗。致，即至、归的意思。揆，《说文解字》注释为"度也"。段玉裁解释为："度者，法制也。"一揆，即一个道理。《孟子·离娄下》谓"得志行乎中国，若合符节，先圣后圣，其揆一也"。何谓，也即无谓，与"无计"意思相同，都有不须计议的意思。"苟利于时，其致一揆，何谓物我之异，无计今古之殊"的意思是，如果有利于时代发展，其所作为都是一样的，无须计较物我之间的差异和古今之间的不同。

知识拓展

从理论上来看,每一个时代的哲学都是自己时代的精神上的精华,是一种历史的产物,也是社会发展和进步的思想先导,能够为人们的具体实践提供主动的精神力量和理论指引。"苟利于时"可以视为一个具有普遍意义的尺度,因为任何理论或观点都必须能够抓住现实世界发展中的矛盾,并要能够从相应的时代出发,把握时代、认识时代,并尝试回答和解决时代提出的理论和实践课题。按照马克思主义的观点,随时随地都要以当时的历史条件为转移,根据时代情况的变动作出与时俱进的调整和修改。人的主观意志也必须随着客观现实的变化而变化,因此,"苟利于时"所要进一步表达的就是不计物我之间的差异和古今之间的不同,也就意味着要以满腔热忱对待一切新生的事物以及一切新的历史现实,并不断拓展自己认识的广度和深度,从具体的实际出发去说前人没有说过的话,干前人没有干过的事,不负于时代的重托。这就是一种创革的精神。

至道深微,
惟人是弘。
天命无常,
惟德是与。

——史料出处:《南史》卷四　齐本纪第四

原文

朕闻至道深微,惟人是弘。天命无常,惟德是与。所以仰鉴玄情,俯察群议,敬禅神器,授帝位于尔躬。四海困穷,天禄永终。于戏!王其允执厥中,仪刑前式,以副率土之欣望。命司衷而谒苍昊,奏云门而升圆丘,时膺大礼,永保洪业,岂不盛欤!并命玺书,遣兼太保、司空褚彦回,兼太尉、守尚书令王僧虔奉皇帝玺绶,受终之礼,一依唐、虞故事。

经典导读

这是南朝宋最后一位皇帝宋顺帝禅位给萧道成时说的话,

虽然以天命所归为说辞，但实际上背后是迫于萧道成的力量。萧道成在建康（今南京）南郊登基称帝，世称齐高帝，国号为齐，是为南齐。据史所载，萧道成少有大量，喜怒不形于色，深沉静默，常有四海之心，严谨奢侈，力尚勤俭。虞世南称其为"创业之主，知稼穑之艰难，且立身俭素，深知道理。践位以来，务存简约"。总的来说是有着不错名望的帝王。

文意阐释

至道，有多重意思。既指最上最好的学说，如《礼记·学记》中说的"虽有至道，弗学，不知其善也"；也指那种精微玄妙的深邃之理，如《庄子·在宥》中说的"至道之精，杳杳冥冥；至道之极，昏昏默默"是中国古代思想一个核心的词汇，意涵丰富。惟人是弘，化用的是《论语·卫灵公》"人能弘道，非道弘人"的说辞。至道深微，惟人是弘，意思是最上之道深湛精微，唯有依靠人才能弘传开来。"天命无常，惟德是与"也是古人一直以来信奉的道德律令，如《周书》中说"皇天无亲，唯德是辅"，《尚书·咸有一德》说"天难谌，命靡常。常厥德，保厥位"。《诗经·大雅·文王》中也说"天命靡常……聿修厥德"。

知识拓展

至道深微，惟人是弘。天命无常，惟德是与，谈的是两个层面的道理：其一，人能弘道、非道弘人，需要重视人的力量。换言之，道由人兴，亦由人行，离开了人，道就成了一个空壳的道理，无所可用。其二，人在弘道的时候还要以德为本，因为这既是天命所在，也是道之所在。从历史的角度看，惟德是与的观念是周人提出的，武王灭商之后，周公打破了此前的天命定数之说，而提出要敬德、修德。他要求历代统治者在上要敬畏天命，不断完善自己的德性，以德治国；在下要敬畏民心，切实维护老百姓的利益，以民为本。正是依照敬德保民、尊尊、亲亲之义，开创性地赋予了仁德之治以新的精神，进一步巩固并完善了周人的国家制度和治理体系，全面彰显了当时周人治国平天下的能力。从这个意义上来说，周公解决了什么是周人的治国之道，如何落实治国之道的核心问题，同时也为周王朝往哪儿走，该怎么走的疑惑给出了答案。距周公有五百年之久的孔子曾经说过："周鉴于二代，郁郁乎文哉。"又说，"殷因于夏礼，所损益，可知也；周因于殷礼，所损益，可知也。其或继周者，虽百世，可知也。"可见以周公为代表的周人的敬德保民的精神不仅有继承，更有发展，从而成为一种永恒的价值观念在不同时代发挥着相应的作用。

> 不幸而失,宁僭不滥。僭则失罪人,滥乃害善人。

——史料出处:《北史》卷五十 列传第三十八

原文

初,廷尉少卿袁翻以犯罪之人,经恩竞诉,枉直难明。遂奏曾染风闻者,不问曲直,推为狱成,悉不断理。诏门下、尚书、廷尉议之。雄议曰:"《春秋》之义,不幸而失,宁僭不滥。僭则失罪人,滥乃害善人。今议者不忍罪奸吏,使出入纵情,令君子小人,薰莸不别,岂所谓赏善罚恶,殷勤隐恤者也?古人唯患察狱之不精,未闻知冤而不理。"诏从雄议。自后每有疑议,雄与公卿驳难,事多见从。于是公能之名甚盛。又为《禄养论》,称仲尼陈五孝,自天子至于庶人,无致仕之文。《礼记》:八十,一子不从政;

九十，家不从政。郑玄注云："复除之。"然则止复庶人，非公卿士大夫之谓。以为宜听禄养，不约其年。书奏，孝明纳之。后除司空长史。时诸公皆慕其名，欲屈为佐，莫能得也。

经典导读

辛雄，字世宾，陇西狄道人。为人孝顺，用心平直，对政事颇所通晓。如遇有事，经其裁断，没有不心悦诚服的。当时的司空王怿经常对人说"必也无讼，辛雄有焉"，就是对辛雄能力的一种称许。辛雄盛名在外，右仆射元钦赞叹说："得如雄者四五人共省事，足矣。"这足以说明辛雄在处理政事方面所能达到的高度。

文意阐释

全句源自《左传·襄公二十六年》："善为国者，赏不僭而刑不滥。赏僭，则惧及淫人；刑滥，则惧及善人。若不幸而过，宁僭无滥。"这句话在后来也有了其他相近的表达，如《荀子·致仕》中说"赏僭则利及小人，刑滥则害及君子。若不幸而过，宁僭无滥"。失，即过，不合中道的意思。僭，超过限度。滥，不加节制。"不幸而失，宁僭不滥。僭则失罪人，滥乃害善人"的意思是，不幸犯有过失，宁可越过限度也不可不加节制。越过限度会遗漏罪人，而不加节制则会伤害到善人，其本质则是要求取中道而行之。

知识拓展

不幸而失,宁僭不滥。僭则失罪人,滥乃害善人。从文中来看是谈及刑罚尺度和标准,所要表达的是刑罚得当的问题。但从本质上来看,这里谈到的恰恰是哲学层面过与不及、德主刑辅方面涉及传统文化中国家治理核心理念的问题。这里面也可以从现代世界的法理学角度来说,就是要疑罪从无和无罪待定,在证据不足的时候宁肯放过一个坏人,也不可冤枉一个好人,这就是程序正义的关键所在,能够最大限度地确保社会和公民得到公正。而这就像《左传·隐公六年》中说的"善不可失,恶不可长"。治理国家的人见到恶的人或事,一定要像农夫除去杂草一样,将其连根斩断,不再让它滋生繁殖,这样善人就会居其位如草上之风,"举直错诸枉,能使枉者直",从而发挥最大的作用。

公家之利,知无不为,宁不虑身,不可废国家大计。

——史料出处:《旧唐书》卷七十一　列传第二十一

原文

徵见太宗勋业日隆,每劝建成早为之所。及败,太宗使召之,谓曰:"汝离间我兄弟,何也?"徵曰:"皇太子若从徵言,必无今日之祸。"太宗素器之,引为詹事主簿。及践祚,擢拜谏议大夫,封钜鹿县男,使安辑河北,许以便宜从事。徵至磁州,遇前宫千牛李志安、齐王护军李思行锢送诣京师。徵谓副使李桐客曰:"吾等受命之日,前宫、齐府左右,皆令赦原不问。今复送思行,此外谁不自疑。徒遣使往,彼必不信,此乃差之毫厘,失之千里。且公家之利,知无不为，宁不虑身，不可废国家大计。今若释遣思行，不问其罪，则信义所感，无远不臻。古者，大夫出疆，苟利社稷，专之可也。况今日之行，许以便宜从事，主上既以国士见待，安可不以国士报之乎？"即释遣思行等，仍以启闻，太宗甚悦。

经典导读

魏徵是唐初名臣，落拓有大志，好读书，深通典奥。后来因为谋事失败，落于太宗之手。太宗说他离间李氏兄弟，魏徵则直接回复说，如果建成早听我的计谋的话，肯定不至于身死人手了，足见其耿直与自许。李世民登基后善待魏徵，君臣相遇，开创了传颂千古的"贞观之治"。魏徵还入选凌烟阁二十四功臣，位列第四。从史书来看，魏徵多次犯言直谏唐太宗，如《谏太宗十思疏》等，不仅毫无保留，而且还不留情面，但唐太宗都能善加采纳，予以施行，称赞说即使古代的名臣也难以超过魏徵。魏徵死后，太宗赐谥号"文贞"，令其陪葬昭陵，还留下了千古传颂的"以人为镜可以明得失"的名言。

文意阐释

"公家之利，知无不为"，最早出自于《左传·僖公九年》，原文是"公家之利，知无不为，忠也"。虑，顾虑。废，舍弃。全句意思是，但凡有利于公家之事，只要知道了就要全力为之，宁可不顾自己，也不可废弃国家大计。而这就是《左传》中说的"尽忠"，是身为人臣所必须为之的。

知识拓展

从史书的记载来看，魏徵说公家之利，知无不为，宁肯不考虑自身，也不可废国家大计，是为了报答唐太宗的知遇之恩，所以才有他"苟利社稷，专之可也"的态度。而且，魏徵也明白地说"主上既以国士见待，安可不以国士报之乎"，字里行间流露着尽心效命之情。但从更大的视角来看，魏徵所谈及的是传统文化中公私之辨的核心问题。如何正确看待和处理个人与国家之间的利益关系，自古以来就是一道人言各别的命题。从传统儒家的角度来看，他们主张崇公抑私、重义轻利，甚至以义为利，所以为善为公，是心之正；而为恶为私则是心之邪。正是在这个基础上，大公无私、公而忘私、立公去私就内化为中华民族的基因，深刻地影响着后人面对此题时的抉择。而历史上久为人所称道的有德之人也莫不是公而忘私的人，直至清末的林则徐说道："苟利国家生死以，岂因祸福避趋之。"这句话至今读来令人气昂！《礼记·礼运》中说"大道之行也，天下为公"，其实就早已告诉人们应该笃守何种价值理念。尽管有人说这只是儒家一种美好的道德理想和政治期望，但它却真实不虚地揭露了传统文化的特质，这既是中华文明的要义所在，也是人们应该信受奉行的准则所在。

富贵则骄,骄则怠,怠则亡。

——史料出处:《新唐书》卷九十六　列传第二十一

原文

帝尝问:"创业、守文孰难。"玄龄曰:"方时草昧,群雄竞逐,攻破乃降,战胜乃克,创业则难。"魏徵曰:"王者之兴,必乘衰乱,覆昏暴,殆天授人与者。既得天下,则安于骄逸。人欲静,徭役毒之。世方敝,哀刻穷之。国繇此衰,则守文为难。"帝曰:"玄龄从我定天下,冒百死,遇一生,见创业之难。徵与我安天下,畏富贵则骄,骄则怠,怠则亡,见守文之不为易。然创业之不易,既往矣。守文之难,方与公等慎之。"

经典导读

唐太宗即位之后，就曾经与群臣讨论过。太宗曾说，今承大乱之后，恐怕斯民未易教化。魏徵认为容易，封德彝认为不易。难易之后实则是霸道与仁道之争。太宗从起兵抗隋至于定鼎天下，深有感触，遂接受魏徵之建议而施仁义，行王道，改革隋朝之严刑峻法，对《隋律》删繁就简，除酷从宽。从另一个角度来看，这实际上也是此处太宗问创业与守成哪个更难的问题。房玄龄很早就作为谋士跟着李世民打天下，九死一生，所以说创业难。而魏徵则更多的是在天下厘定之后跟着唐太宗出谋划策治理天下，看到大乱之后人们容易安逸，徭役刻剥等事频出，很容易使政权衰颓，所以守业更难。唐太宗肯定两者都不容易，因为创业之难已经过去，如今政权初定，百废勃兴，人们富贵之后很容易滋生骄慢之心，进而怠惰，并最终走上灭亡之路。所以此时劝诫群臣要勠力同心，守护好来之不易的创业成就。

文意阐释

骄，按照古训而言，就兼有"恃己凌物"和"无礼"两方面的意思。怠，有懈懒、轻慢之意。《道德经》中说："金玉满堂，莫之能守。富贵而骄，自遗其咎。"这两者是紧密联系的。《管子·重令》中还记载道，"人心之变，有余则骄，骄则缓怠"，与此处的意思相近。同时，管子还说："诸侯失于外，民乱于内,天道也,此危亡之时也。"可见关于这方面的道理,古今是一致的。"富贵则骄,骄则怠,怠则亡"的意思是,人们富贵了之后就会心生骄慢,骄慢就容易荒怠,荒怠则将走向灭亡。

知识拓展

富贵则骄,骄则怠,怠则亡,可以从个人和国家两个层面来予以解读和理解。从个人层面来说,要在富贵之后保持谦虚谨慎、不骄不躁的心态很不容易,但若不如此就容易心生懈怠而一无所成。所以晚清名臣曾国藩说家败离不开一个"奢"字,人败离不开一个"逸"字,讨人厌离不开一个骄字。从国家层面来看,经济繁荣到一定程度之后,财富得到大量积累,就容易在社会上造成贪图享受不思进取之风气,从而使社会风气变坏,最终使得整个国家走向衰败乃至覆亡。李商隐说"历览前贤国与家,成由勤俭败由奢",就是这个道理。当年周公命其长子伯禽去他的封地曲阜做鲁国国君,曾谆谆告诫他说,我身为文王的儿子,武王的弟弟,成王的叔父,地位如此之高,尚且一饭三吐哺,唯恐错过天下的贤才。你去鲁国,一定不要骄慢待人。曹操写下的诗句"周公吐哺,天下归心",就是由此而来。从历史来看,只要能做到不以富贵骄人、骄国,就一定能够有长久的发展和成就。不过,从另一个层面来看,孔子的弟子曾经说:"富而无骄,何如?"孔子告诉他说,这个很不错了,但还不如"富而好礼"。这就足以可见,富不骄并非是一个很高的道德标准,在此之上还有更可追求的地方,值得为之努力。这乃是一种更加积极有为的精神,能够给个人乃至国家带来更高层面的收获。

惩恶劝善,务振纪纲。激浊扬清,须明真伪。

——史料出处:《旧五代史》卷三十　庄宗纪四

原文

帝幸北郊,抚劳降军,各令还本营。丙戌,诏曰:"惩恶劝善,务振纪纲。激浊扬清,须明真伪。盖前王之令典,为历代之通规,必按旧章,以令多士。而有志萌僭窃,位忝崇高,累世官而皆受唐恩,贪爵禄而但从伪命,或居台铉,或处权衡,或列近职而预机谋,或当峻秩而掌刑宪,事分逆顺,理合去留。伪宰相郑珏等一十一人,皆本朝簪组,儒苑品流。虽博识多闻,备明今古。而修身慎行,颇负祖先。昧忠贞而不度安危,专利禄而全亏名节,合当大辟,无恕近亲。朕以缵嗣丕基,初平巨憝,方务好生之道，在行含垢之恩。汤网垂仁，既矜全族。舜刑投裔，兼贷一身。尔宜自新，我全大体，其为显列，不并庶僚。余外应在周行，悉仍旧贯，凡居中外，咸体朕怀。"

经典导读

李存勖是唐末五代之际有名的将领，骁勇善战，长于谋略，于923年称帝，定国号为唐，史称后唐。李存勖在位期间，南征北战，兼并大片领土，史称"五代领域，无盛于此者"，从军功方面来看，确实如此。但从其治国理政方面来看，多有欠缺。其为人猜忌，重用伶人宦官，又横征暴敛，屠戮功臣以致最后死于伶人之手。欧阳修说"方其（李存勖）盛也，举天下之豪杰莫能与之争；及其衰也，数十伶人困之，而身死国灭，为天下笑"！此处所下诏令是李存勖灭掉后梁之后，对投降的将领们说的。后梁大将段凝率部前来受死，李存勖皆厚赐锦袍金币免其死，又来到北郊慰劳降军，令其各归本营。惩恶劝善，务振纪纲。激浊扬清，须明真伪，正是此时对降将们所说的话，皆以凸显自己所作所为的正当性和合法性。

文意阐释

惩恶劝善，务振纪纲。激浊扬清，须明真伪。"惩恶劝善"原文出自《左传·成公四十年》，用来形容《春秋》的微言大义，即"《春秋》之称：微而显，志而晦，婉而成章，尽而不污，惩恶而劝善，非圣人，谁能修之"！纪纲既有大纲要领的意思，也有朝堂法度的涵义，此处指后者，其义如《尚书·五子之歌》中说的"今失厥道，乱其纪纲，乃底灭亡"。振，整治、整顿之意。激浊扬清，出自《尸子·君治》一书中，谓"扬清激浊，荡去滓秽，义也"，意思是去除坏的以宣扬好的，多用来形容人们的美好作为。全句的意思是，要想惩恶劝善，一定要整顿国家法度；激浊扬清，一定要辨明真伪。

知识拓展

惩恶劝善、激浊扬清，一直以来都是人们所称赞和推许的价值理念和道德取向，无论在经典古籍中，还是生活中，无论对个人而言，还是对国家而言，其都代表了一种向上、正当的追求，值得人们为之践行。它一方面体现为一种理念上的主观作为，同时也是客观意义上制度、法令存在的价值。捍卫真理、守护公道不正是自古至今不变的道理吗？但正如李存勖在诏书中所说的，要做到惩恶劝善和激浊扬清，还必须整顿法度、辨明真伪。否则就容易陷入口诵尧舜、身行桀纣的境地，满嘴仁义道德，一肚子鸡鸣狗盗。从这个意义上来说，任何良好的价值理念，都必须既要在理论上使其真伪明辨，也要在实践上有制度可依，这也是荀子所说的"其知至明，循道正行，足以为纪纲"（《荀子·尧问》）。唯有把理论和制度结合起来，才能在国家和社会层面上发挥其最大的功效。韩愈曾说道，"善计天下者，不视天下之安危，察其纪纲之理乱而已矣"，其理也正足以说明了这一点。

君子之于人也,乐成其美而不求其备。

——史料出处:《新五代史》卷三十三 死事传第二十

原文

自开平讫于显德,终始五十三年,而天下五代。士之不幸而生其时,欲全其节而不二者,固鲜矣。于此之时,责士以死与必去,则天下为无士矣。然其习俗,遂以苟生不去为当然。至于儒者,以仁义忠信为学,享人之禄,任人之国者,不顾其存亡,皆恬然以苟生为得,非徒不知愧,而反以其得为荣者,可胜数哉!故吾于死事之臣,有所取焉。君子之于人也,乐成其美而不求其备,况死者人之所难乎。吾于五代,得全节之士三人而已。其初无卓然之节，而终以死人之事者，得十有五人焉，而战没者不得与也。

经典导读

《新五代史》是北宋欧阳修私修的纪传体史书，是古代二十四史之一，原名《五代史记》，为区别于此前的五代史，而称之为《新五代史》，两者可以互为补充和取鉴。按照欧阳修自己的说法，他新撰五代史，借鉴的是《春秋》一字褒贬、微言大义的写法，有着鲜明的善恶是非观念。欧阳修认为，在杀伐存亡难料的五代，臣子守节非常不易，为了表彰乱世保全名节之人，他单独设立了相应的传记体例，并根据死者尽忠的程度不同，将其分为两等。一等的写入《死节传》之中，只列序三人；次一等则列入《死事传》，则有十一人。足见其褒贬义例的严格。这种观念不仅极有力地彰显了《新五代史》的独特之处，丰富和拓展了传统史学思想，而且也给后世带来了深刻的影响。

文意阐释

乐成其美，与《论语·颜渊》中说的"君子成人之美"意思是一致的，凸显的是要帮助和成全他人之好事。而"不求其备"则出自于《尚书·伊训》"居上克明，居下克忠。与人不求备，检身若不及"，意思是不要对人求全责备。整句话的意思是，君子为人之道，要帮助并成全他人之好事，不要求全责备。

知识拓展

作为从先秦时代就传承下来的古人遗训,严己宽人是极具中国特色的修身理念和方法。被后世尊奉的圣人周公,就告诫其子伯禽在执政之位上要努力做到"慎无以国骄人",千万不要因为你是君王而骄傲自大,其本意就在于使人时刻存有"夕惕若厉"的心态而不致悠悠放任。韩愈在《原毁》中更深透地讲明了宽人律己对人对己的益处:"古之君子,其责己也重以周,其待人也轻以约。重以周,故不怠,轻以约,故人乐为善。"意思是,有德行的人,他必定严于律己、宽以待人,要求自己严格而全面,对待他人宽容而简约。对自己严格全面,就不会懈怠;对别人宽容简约,别人都乐意做好事善事。查道是北宋太宗、真宗之际的大臣,为官清廉,待人宽厚,律己严苛。他任馆陶尉时,一个重要任务是收税。当时州里管得很严,到时赋税收不齐,县府的官员都要被戴枷以示惩戒。不过被戴枷的官员们出了门便纷纷自行把枷去掉,只有查道一人戴着枷下去继续催缴。他下去从不接受吃请,而且首先严查富人欠税,遇到贫苦百姓有拖欠赋税的,查道都是代为交齐,不予追究,百姓见此,纷纷交齐了赋税。我国古代先贤警策身心的名言汇集《格言联璧》中有这样一句话:"持己当从无过中求有过,待人当于有过中求无过",古人也常说"待人要丰,自奉要约,责己要厚,责人要薄",这些都是在强调严于律己而宽以待人，乐成其美而不求其备的意思也就在于此。可见，一个人只有勤于反观自身，检点自己之不足，才能有过必改，日臻至善，也才是君子之道。

事有先后,久安之弊,非朝夕可革也。

——史料出处:《宋史》卷三百一十四 列传第七十三

原文

仲淹为将,号令明白,爱抚士卒,诸羌来者,推心接之不疑,故贼亦不敢辄犯其境。元昊请和,召拜枢密副使。王举正懦默不任事,谏官欧阳修等言仲淹有相材,请罢举正用仲淹,遂改参知政事。仲淹曰:"执政可由谏官而得乎?"固辞不拜,愿与韩琦出行边。命为陕西宣抚使,未行,复除参知政事。会王伦寇淮南,州县官有不能守者,朝廷欲按诛之。仲淹曰:"平时讳言武备,寇至而专责守臣死事,可乎?"守令皆得不诛。帝方锐意太平,数问当世事,仲淹语人曰："上用我至矣，事有先后，久安之弊，非朝夕可革也。"帝再赐手诏，又为之开天章阁，召二府条对。仲淹皇恐，退而上十事。

经典导读

北宋到了宋仁宗（1010—1063）主政的时候，社会上的危机已经越来越明显了。在宋朝外部，有李元昊（1003—1048）建立的西夏骚扰、侵略西北边境，东北边境则有契丹族建立的辽国（907—1125）的侵略，由于宋人的军队战斗力不强，导致对外作战方面接连失利。在内部，则因为土地兼并，导致富者拥有一望无际的田地，贫穷之人却一无所有。再加上征收大量的赋税和徭役，百姓的生活已经苦不堪言。庞大而臃肿的官僚机构及其官员，以及多年向辽夏献出的大量的金银布匹，使得整个国家的财政情况十分不乐观。在这种内忧外患的现实情况下，以欧阳修（1007—1072）、尹洙（1002—1047）为代表的一些有识之士纷纷上书皇帝要求改革，解决面临的种种危机。宋仁宗也意识到再不做出改变就会带来不堪设想的后果，于是下令范仲淹、韩琦（1008—1075）、富弼（1004—1083）等人给出一个改革的方案。仁宗还亲自召见范仲淹，给他笔札，让他当面写下改革的主张和想法。根据《宋史》所载，范仲淹惶恐请辞，希望能退下之后细致撰写。随即就通过奏疏提出了十项政见，这就是著名的《答手诏条陈十事》，作为新政改革的纲领。对此，仁宗全部予以采纳，下诏予以施行，只有府兵法一条，因为朝臣都不赞同而弃之不用，史称"庆历新政"。

文意阐释

"事有先后，久安之弊，非朝夕可革也"指的是改革既有的弊端要从长计议，绝不是一朝一夕可以毕其功于一役的，一定要分清楚先后难易。这里的"久安之弊"，指的就是北宋初年太平稳定现象背后所隐藏的在内冗官、冗兵、冗费，在外四夷侵凌威胁的情况。这也是当时范仲淹推行新政的一个历史背景。这里可用程颢在《论王霸札子》中的话作为注脚。程颢说，"事有大小，有先后。察其小，忽其大，先其所后，后其所先，皆不可以适治"。范仲淹对人所说的话表达的正是要谨慎考虑，从容应对的意思，非此则不足以革除旧弊，取得新效。

知识拓展

大致说来，范仲淹的改革措施遵循的是由内而外的路子。先把自己国家内部的问题解决好，再解决对外的问题。要想强兵，改变军队战斗力弱的问题，就要先让百姓富裕起来，而让百姓富裕的法子就自然而然是从整顿吏治入手了。毋庸置疑，任何改革必然会多多少少触碰，甚至威胁、剥夺一些人的既得利益。因此，范仲淹改革很快就遭到了他们的抵制和反对。这是自古以来很难不变的现实，谁都必须面对。解决好的，改革就会顺利推行下去并取得成功，实现既定的目标；解决不好的，改革就会受挫，甚至归于失败。范仲淹的改革，以失败告终，宋仁宗虽然心里很明白其中的曲折，但也无可奈何，只能任由范仲淹离开朝廷，到地方做官。"庆历新政"也由此降下帷幕，宣告结束。

在历史上，宋朝是最优待读书人的朝代，真正为他们创造了治国平治天下的大好舞台。可惜的是，真正能以天下为己任的读书人有多少呢？能"先天下之忧而忧，后天下之乐而乐"的人又有多少呢？在小人的鼓动和败坏下，主张新政的主要人物全部被逐出朝廷、贬到偏远之地，改革前的旧制度也重新得到恢复，范仲淹到底还是输给了顽固的旧势力。想要动一动既得利益者的奶酪，总不是一件很容易的事。而希望通过改革的手段处理社会发展中遇到的难题，更是需要付出更多的努力。范仲淹说"居庙堂之高则忧其民，处江湖之远则忧其君"，无论身在朝廷还是身在江湖都不忘国家百姓，可是一旦离开了皇权的支持，改革又如何能推行下去呢？这大概就是古代社会背景下最无可奈何的悲剧。但是，这种改革精神却一直没有就此萎靡，而是以一种历久弥新的方式发挥作用。

善谏者不谏于已然。

——史料出处:《辽史》第七十八卷 列传第八

原文

虽然,善谏者不谏于已然。盖必先得于心术之微,如察脉者,先其病而治之,则易为功。穆宗沈湎失德,盖其资富强之势以自肆久矣。使群臣于造次动作之际,引谏彼诤,提而警之,以防其甚,则亦讵至是哉!于以知护思、思温处位优重,耽禄取容,真鄙夫矣!若海璃之折狱,继先之善治,可谓任职臣欤!

经典导读

历史地看,辽穆宗沉溺于酒色,经常迁怒他者,甚至施以酷刑,刺杀身边近侍之人,并无仁德可言,最后也是被近侍小哥等人杀死，死时才三十来岁。其中主要原因就在于他滥用私意，不听劝谏。虽然史书记载他常对人说自己在醉酒中有的处决不得当，等醒了的时候再让臣下进谏。但事实上，辽穆宗一直都没有改正过来。因此，后世评价说，劝谏就如同治病，最上的医者治未病之病，也就是防患于未然。而最懂得谏术之道的谏者也是同样如此，而且劝谏的旨意也在于劝谏他人，防患于未然。辽穆宗使群臣争斗之际才让他们互相劝谏诤言以解决问题，防止情势过于严重化，难道不是太晚了吗？所谓谏，就是把不对的念头、行为修正及时改过，而不是在已经发生之后才进行补救。这样的话，是起不了任何作用的。

文意阐释

"善谏者不谏于已然"，指的是善于劝谏的人都是在事情未发生之前给别人以儆诫和劝告，而不是在事情已然发生之后才进行论争。这很容易使人想到法禁于已然之后，礼防患于未然的说法。历史上谏官制度的制定，以及谏官的设置，其目的正是起到礼的作用，重在引导、规避，而不是在事后追悔。往古来今，莫不如是。魏徵在其著名的《谏太宗十思疏》中给唐太宗提出了不少有益的建议，其本意正是要他在治理国家之时必须十分慎重和注意一些道德和治理方面问题，强调要防患于未然，救弊于发生之前。

知识拓展

劝谏就其本质而言，是监督的一种可靠和有效的方式，在古代政治治理中发挥着重要的作用。历代中央政府都设置有谏官，其目的就是通过建议和批评，防患于未然，从权力和制度两个层面对皇权进行监督。近代以来，虽然中国古代的谏官制度已经消失，但谏言的精神还是被很好地继承和发展了下来。中国共产党在治国理政的进程中创造性地开创出了一条民主监督的路径，这既是对古代谏官制度的转化，也是对谏言精神的继承，对于营造积极向上、干事创业、风清气正的良好政治生态，保持党的先进性和纯洁性有着重要的价值和意义。毛泽东曾经把"让人民来监督政府"视为共产党能跳出历史周期率的法宝，并指出主要监督共产党的是劳动人民和党员群众。以前如此，现在和以后都是如此，要将这个制度不断地完善和发展下去。邓小平也进一步指出："在中国来说，谁有资格犯大错误？就是中国共产党。犯了错误影响也最大。因此，我们党应该特别警惕。……就要受监督，就要扩大党和国家的民主生活。""所谓监督来自三个方面，第一，是党的监督。……第二，是群众的监督。……第三，是民主党派和无党派民主人士的监督。……""这些党外的民主人士，能够对于我们党提供一种单靠党员所不容易提供的监督"(《邓小平文选》第1卷)。

改革开放以来，中国共产党和民主党派之间的党际关系由八字方针"长期共存,互相监督"发展为"长期共存,互相监督,肝胆相照,荣辱与共"十六字方针,就是为了更好更自觉地接受民主党派的监督。同时,这种民主监督制度的存在,也能够反映社会上各阶层的多方面意见和建议,能够为共产党提供一种自身监督之外的多维度监督,更有利于执政党决策的科学化、民主化,更加自觉有效地抵制和克服官僚主义、形式主义以及各种消极腐败现象,不断加强和改进共产党的执政能力和效果。进入新时代以来,习近平总书记就践行"三严三实"提出的要求之一,就是要求干部要"从谏如流,自觉接受监督"(《习近平:以严和实的精神做好各项工作》,新华网,2015年9月12日)。这当然不是在事情发生之后再进行监督,空放马后炮,而是要在权力的赋予、使用的全过程中进行有效监督。这既需要不断地吸取人民的智慧,也需要虚心地接受各级的建议和批评。

> 人君之过,莫大于杀无辜。

——史料出处:《辽史》第七十八卷 列传第八 萧继先传

原文

呜呼!人君之过,莫大于杀无辜。汤之伐桀也,数其罪曰"并告无辜于上下神祇";武王之伐纣也,数其罪曰"无辜吁天";尧之伐苗民也,吕侯追数其罪曰"杀戮无辜"。迹是言之,夷腊葛之谏,凛凛庶几古君子之风矣。

经典导读

史载萧继先出身富贵,但是生活俭朴。"所至以善治称",

带兵打仗，未尝失利，在外戚中很有名望。曾先后拜驸马都尉、北府宰相，在与宋军对战时多次取得胜利。历史地看，臣下对人君行为的规谏从小的方面来说是要避免人君作出失礼的举动，从大的方面来说则是要引导人君发施仁政，救民于水火之中，而不是一任己意，毫不顾及百姓的生死。汤伐桀，武王伐纣，莫不是为了拯救那些无辜百姓于水火之中，避免他们被滥杀。所以身为人君，最大的善行莫过于博施济众，而最大的恶则莫过于滥杀无辜。

文意阐释

"人君之过，莫大于杀无辜"，意思是人君最大的过错，就是杀戮那些无罪之人。辜的意思是罪行、罪人。这句话在古代很容易被人了解，因为古代社会是家天下，皇帝拥有最高的统治权和决定权。很容易为了一己之私而发号施令，比如征战杀伐，比如不察民情、肆意用刑等，都是置百姓的性命安危于不顾。这样的国君必然会带来覆灭之灾，而且也会被钉在历史的耻辱柱上，为后世所唾骂。孟子在谈到武王伐纣时说，"闻诛一夫纣矣，未闻弑君也"（《孟子·梁惠王下》），丝毫不把纣视为君王，其原因就在于纣作为独夫民贼，不讲仁义。所以说，"君视臣如手足，则臣视君如腹心。君视臣如犬马，则臣视君如国人。君视臣如土芥，则臣视君如寇仇"（《孟子·离娄下》）。两者之间是要恪守相应的道德准则的。

知识拓展

历史地看，人君杀无辜在古代是经常性发生的事情，这与古代的社会结构和国家性质有着直接的关系。即使如此，古人在这方面还是形成了相应的制度来予以约束和引导，无论是儒家还是法家，都给出了很具有说服力的理由和根据。最著名的话莫过于唐太宗所说的"水能载舟，亦能覆舟"（《贞观政要》）。其实，这句话最早出自先秦时期的《荀子》，即"传曰：君者，舟也；庶人者，水也。水则载舟，水则覆舟"（《荀子·王制》），用来告诫统治者不可无视人民群众的力量，将他们的利益安危置之不顾。在现代社会固然不会出现像古代那样征伐无度、滥杀无辜的场景，造成百姓的大量伤亡，但并不意味着"杀无辜"的事情不会发生。现代社会当然是法治社会，但若是执法不公、用法不当，甚至钓鱼执法，也会造成错杀无辜。否则，这个社会就不会有冤假错案出现。

党的十八大以来，我们党在建设法治中国的进程中取得了巨大的成效，强调要落实依法治国基本方略，加快建设社会主义法治国家，全面推进科学立法、严格执法、公正司法、全民守法进程，回应人民群众的殷切期望，让公平正义贯穿执法的全过程。公正司法是维护社会公平正义的最后一道防线，一定要让人民群众享受到公平正义，最大的公平正义应该是基本人权的被尊重和基本权利的被保护。习近平总书记多次鲜明地强调，"要把维护社会大局稳定作为基本任务，把促进社会公平

人君之过，莫大于杀无辜。

正义作为核心价值追求,把保障人民安居乐业作为根本目标","决不允许对群众的报警求助置之不理,决不允许让普通群众打不起官司,决不允许滥用权力侵犯群众合法权益,决不允许执法犯法造成冤假错案",要用实际行动维护好社会的公平正义,让人民群众切实感受到公平正义就在身边(《习近平出席中央政法工作会议:坚持严格执法公正司法深化改革 促进社会公平正义保障人民安居乐业》,新华网,2014年1月8日)。

应天顺人。

——史料出处:《辽史》第七十三卷 列传第三 耶律曷鲁

原文

　　会遥辇痕德堇可汗殁,群臣奉遗命请立太祖。太祖辞曰:"昔吾祖夷离堇雅里尝以不当立而辞,今若等复为是言,何欤?"曷鲁进曰:"曩吾祖之辞,遗命弗及,符瑞未见,第为国人所推戴耳。今先君言犹在耳,天人所与,若合符契。天不可逆,人不可拂,而君命不可违也。"太祖曰:"遗命固然,汝焉知天道?"曷鲁曰:"闻于越之生也,神光属天,异香盈幄,梦受神诲,龙锡金佩。天道无私,必应有德。我国削弱,崎龁于邻部日久,以故生圣人以兴起之。可汗知天意，故有是命。且遥辇九营棋布，非无可立者；小大臣民属心于越，天也。昔者于越伯父释鲁尝曰：'吾犹蛇，儿犹龙也。'天时人事，几不可失。"太祖犹未许。是夜，独召曷鲁责曰："众以遗命迫我。汝不明吾心，而亦俯随耶？"曷鲁曰："在昔夷离堇雅里虽推戴者众，辞之而立阻午为可汗。相传十余世，君臣之分乱，纪纲之统隳。委质他国，若缀旒然。羽檄蜂午，民疲奔命。兴王之运，实在今日。应天顺人，以答顾命，不可失也。"太祖乃许。明日，即皇帝位，命曷鲁总军国事。

经典导读

辽太祖耶律阿保机未登基即位可汗之前，群臣按照遥辇痕德堇可汗的遗命拥戴太祖即位。太祖多次拒绝不从。后来耶律曷鲁劝谏太祖说，天命不可违，众人之心不可拂逆，君王之遗命不可不顾，太祖理当登上可汗之位。尽管如此，太祖仍有谦让之意。耶律曷鲁又力举前事，说可汗之位不得其人就会造成君臣名分大乱，朝廷纲纪失常，甚至成为他国之附属，危若累卵。同时，还会使战乱频仍，百姓奔波劳苦不得安定。正是在这样的情况下，太祖才答应了群臣的劝进，登基即皇帝位，为辽国的兴盛打下了坚实的基础。

文意阐释

应天顺人,也即顺天应人,有顺应天命,合乎人心之意。最早出自《易传·象传下·革》:"天地革而四时成,汤武革命,顺乎天而应乎人,革之时大矣哉。"在古代,人们常用这句话来颂扬人主能顺随历史大势建立新的朝代,成就一番大的事业。此处用来颂扬辽太祖耶律阿保机能够遵从天命、顺应人心以就皇帝位,建立大辽。前文所说的"天不可逆,人不可拂",就是对应天顺人的另一个角度的解释。

知识拓展

汤武革命最早被用来描述他们推翻旧的残暴统治而建立新的仁义王朝的事迹,它包含了对既有不合理的事物的扬弃和革新,代表着历史发展的潮流和趋势,所以《周易》中才说"汤武革命,顺乎天而应乎人"。中国古代常用顺天应人来形容此种革命性的行为。只有遵循历史发展的潮流,才能紧跟时代的步伐,作出有益于整个国家和民族的事业。中国共产党之所以能带领中国人民建立新中国并不断推进着中国特色社会主义伟大事业的持续前进,最重要的就是中国共产党把握到了历史发展的规律,得到了人民的真心拥护和支持,从而开创了前所未有的历史。我们现在所处的时代是一个风云变幻的时代,同时也是一个日新月异的世界,这个世界,和平、发展、合作、共赢已经成为时代的潮流,历史总是按照自己的规律向前发展，没有任何力量能够阻挡历史前进的车轮。习近平总书记指出，"要跟上时代前进步伐，就不能身体已进入21世纪，而脑袋还停留在冷战四维、零和博弈的旧时代。"（《习近平：积极树立亚洲安全观　共创安全合作新局面》，新华网，2014年5月21日），这就告诉我们必须紧跟时代的步伐，不断革新自己的思维，牢牢和人民大众站在一起，共同为着美好的未来而奋斗。当今世界，什么才是滚滚向前的历史大势呢？习近平主席在博鳌亚洲论坛2018年会开幕式上的主旨演讲中给出了关键词：和平合作、开放融通、变革创新。因此，任何一个国家、民族要想实现振兴，就必须在把握历史大势的基础上、在时代发展的潮流中发展。在庆祝改革开放40周年大会上的讲话中，习近平总书记指出，"只有顺应历史潮流，积极应变、主动求变，才能与时代同行"（《习近平：在庆祝改革开放40周年大会上的讲话》，中国日报网，2018年12月18日）。同时，又提出作为改革开放40年积累的宝贵经验和精神财富的"九个必须"，助力推动新时代改革开放走得更稳、走得更远。

量敌而进，毋自取祸败。

——史料出处：《辽史》第三十卷 本纪第三十 天祚皇帝四

原文

延庆三年，班师东归，马行二十日，得善地，遂建都城，号虎思斡耳朵，改延庆为康国元年。三月，以六院司大王萧斡里剌为兵马都元帅，敌剌部前同知枢密院事萧查剌阿不副之，茶赤剌部秃鲁耶律燕山为都部署，护卫耶律铁哥为都监，率七万骑东征。以青牛白马祭天，树旗以誓于众曰："我大辽自太祖、太宗艰难而成帝业，其后嗣君耽乐无厌，不恤国政，盗贼蜂起，天下土崩。朕率尔众，远至朔漠，期复大业，以光中兴。此非朕与尔世居之地。"申命元帅斡里剌曰:"今汝其往,信赏必罚,与士卒同甘苦,择善水草以立营,量敌而进,毋自取祸败也。"行万余里无所得,牛马多死,勒兵而还。大石曰:"皇天弗顺,数也!"康国十年殁,在位二十年,庙号德宗。

经典导读

耶律大石,又称耶律达实,契丹族,通晓汉文,善骑射,是西辽的建立者和开国皇帝。最初是为了避开金国的侵袭和控制,一心想要光复和再兴辽国。在征服了西域诸如回鹘、东喀喇汗等国家之后,便挥师东进,以图攻打金国,重建大辽。但最终因为诸种原因退回西域,称帝,汉号"天佑皇帝"。后来在与塞尔柱帝国及中亚联军的战争中,率部取得胜利,确立了西辽在中亚的统治地位。据《辽史》所载,"(耶律大石)所过,敌者胜之,降者安之。兵行万里归者数国,获驼、马、牛、羊、财物,不可胜计",赢得了很高的威望。1143年去世,死后庙号为德宗。成吉思汗的谋臣耶律楚材曾说,"辽德宗克西域数十国,幅员数万里,传数主,凡百余年,颇尚文教,西域至今思之"。

文意阐释

量敌而进,毋自取祸败,意思是说作战要首先判明情况,然后再采取行动,不然的话就容易遭致失败。"量敌而进"语出自《孟子》,即"量敌而后进,虑胜而后会"(《孟子·公孙丑》)。"虑胜而后会"指的是考虑好胜负之数再交战。这种理念与孙子说的"知己知彼,百战不殆"(《孙子兵法·谋攻篇》)是一致的,所以,"善战者,立于不败之地,而不失敌之败也"(《孙子兵法·军形篇》)。这里虽说的是攻战之事,但实际上是可以提炼为一种思维方式和行为方式,作为处理和解决所有事情时依循的理念和方法。量敌而进,毋自取祸败,也与具体问题具体分析的精神不谋而合。

知识拓展

中国共产党自成立那一天起,就是一个既敢于斗争又善于斗争的马克思主义政党,在一百多年的艰苦奋斗历程中,不仅积累了弥足珍贵的斗争经验,也形成了优良的斗争传统和作风。正是在这种斗争精神的鼓舞下,中国共产党团结和带领中国人民取得了革命、建设和改革的伟大胜利,开创了中国特色社会主义新时代。可以说,中国共产党的历史,就是一部气势磅礴的伟大斗争史,涌现了无数的英雄斗争人物和事迹。量敌而进,毋自取祸败,既要将其作为在具体斗争时所要依循的准则和方法,也要适宜地将其提炼为一种普遍意义上认识论和方法论,这就有助于广大干部特别是年轻干部掌握斗争规律、讲求斗争方法、提升斗争本领。习近平总书记指出,"马克思主义产生和发展、社会主义国家诞生和发展的历程充满着斗争的艰辛。建立中国共产党、成立中华人民共和国、实行改革开放、推进新时代中国特色社会主义事业,都是在斗争中诞生、在斗争中发展、在斗争中壮大的。当今世界正处于百年未有之大变局,我们党领导的伟大斗争、伟大工程、伟大事业、伟大梦想正在如火如荼进行,改革发展稳定任务艰巨繁重,我们面临着难得的历史机遇,也面临着一系列重大风险考验。胜利实现我们党确定的目标任务,必须发扬斗争精神,增强斗争本领"(《习近平在中央党校(国家行政学院)中青年干部培训班开班式上发表重要讲话》,央广网,2019年9月4日)。当前背景下,我们党和国家所面临的形势依然严峻、挑战依然巨大,所面对的问题也依然复杂,直接关乎我们能否顺利实现第二个百年奋斗目标和中华民族伟大复兴。这就既需要继续发扬斗争精神,也要加强自身的斗争本领。

习近平总书记也强调,"新时代坚持和发展中国特色社会主义是一场伟大社会革命,要求我们必须时刻进行具有许多新的历史特点的伟大斗争"(《中共中央政治局召开民主生活会 习近平主持会议并发表重要讲话》,中国日报网,2018年12月27日)。实现伟大梦想就必须进行伟大斗争,将斗争精神贯彻到底。当前,我们党还面临着执政考验、改革开放考验、市场经济考验、外部环境考验"四大考验",以及精神懈怠危险、能力不足危险、脱离群众危险、消极腐败危险"四种危险"。如何才能赢得考验、战胜危险呢?这就要求我们党的各级领导干部要做敢于斗争、善于斗争的战士,要学懂弄通做实党的创新理论,掌握马克思主义立场观点方法,夯实敢于斗争、善于斗争的思想根基,理论上清醒,政治上才能坚定,斗争起来才有底气、才有力量,进而为实现中华民族伟大复兴的中国梦作出应有的贡献。

> 量敌而进,毋自取祸败。

> 晋主闻陛下数游猎，意请节之。

——史料出处：《辽史》第四卷 本纪第四 太宗下

原文

九月庚午，侍中崔穷古言："晋主闻陛下数游猎，意请节之。"上曰："朕之畋猎，非徒从乐，所以练习武事也。"乃诏谕之。壬午，边将奏破吐谷浑，擒其长；诏止诛其首恶及其丁壮，馀并释之。丙戌，晋遣使贡名马。戊子，女直及吴越王遣使来贡。

经典导读

辽太宗，即耶律德光，辽国第二位皇帝。就整个辽史而言，辽太宗最大的贡献莫过于将石敬瑭献上的"幽云十六州"

纳入辽国版图，并完善和发展了辽朝的政治制度。辽太宗采取"因俗而治"的方式，通过吸取汉朝官制的特色并结合辽人自身的特点，设立了南北官制，用来分别管制契丹和汉人。这个制度一直被辽人沿袭下去，对于辽国的发展起到了很大的作用。辽太宗在元人脱脱所编的《辽史》中被给予了很高的评价，辽太宗不仅"威德兼弘"，有英雄之高见，而且还能在入汴京之后敬慎不骄。返回途中坦陈自己此行有三失："纵兵掠刍粟，一也；括民私财，二也；不遽遣诸节度还镇，三也"，可谓难得。辽太宗能兼备"善处胜"和"能悔过"，其"卓矣乎"！意思是说，辽太宗不仅能善于打胜仗，还能知错有悔，堪称高卓！

文意阐释

晋主指的是当时投降辽朝的石敬瑭，他为了得到辽太宗的支持而割让"幽云十六州"给契丹，建立后晋，称皇帝。石敬瑭的亲信刘知远劝他不要给契丹土地，因为担心契丹来日会成为中国的大患，到时就后悔莫及。但石敬瑭一意孤行，称辽太宗为父皇帝，自称臣，为儿皇帝，被后人唾骂千年。"晋主闻陛下数游猎，意请节之"，指的是石敬瑭劝辽太宗不要沉湎于游猎之中，恣意享乐而不理朝政，要多加节制。事实上，恐怕更重要的是石敬瑭害怕太宗因为过度沉湎游猎而忽略了对他的扶持。老子曾说"驰骋畋猎令人心发狂"（《道德经》第十二章），对于帝王是如此，对于任何一个人也都是如此。

知识拓展

游猎最早指畋猎，是古代帝王的一项重要活动，其目的除了做暂时的休息之外，还有辽太宗所说的"练习武事"的一面，即人们所常说的军事训练，其中也包含了军礼等礼制的内容。《礼记·王制》中记载："天子诸侯无事，则岁三田。一为干豆，二为宾客，三为充君之庖。无事而不田，曰不敬；田不以礼，曰暴天物。"可见畋猎必须以合乎礼制的方式展开，否则的话就会有伤德性，劳民伤财。石敬瑭这里的意思是劝谏辽太宗，不要过度沉湎于其中，因为很容易使人玩物丧志，忽略对国家的治理。当然，对于那些意志不强或胸无大志的人而言，沉湎于游猎只会让他无法自拔，恣意享乐。事实上，不独游猎，任何能够给人带来享乐的事情如果不加以节制都可能会使人内心发狂，最终酿成不可挽回的后果。正是基于对历史经验教训的清醒认识和严肃反思，习近平总书记明确强调要坚决抵制享乐主义和奢靡之风，就是为了避免一些领导干部沉湎其中而无法自拔，忘记了党的事业和人民的期望，做出有违党性、有负人民的事情。中国共产党自成立以来，之所以能团结带领全国人民取得革命、建设的伟大胜利，一个重要的原因就是理想信念坚定，时刻保持和发扬艰苦奋斗精神，坚决抵制形式主义、官僚主义、享乐主义和奢靡之风的侵蚀。能牢记并坚守这一点是非常不容易的，毛泽东早就清醒地认识到其中的不易并揭露了一些共产党人心理上发生的微妙变化："因为胜利，党内的骄傲情绪，以功臣自居的情绪，停顿起来不求进步的情绪，贪图享乐不愿再过艰苦生活的情绪，可能生长。因为胜利，人民感谢我们，资产阶级也会出来捧场。敌人的武力是不能征服我们的，这点已经得到证明了。资产阶级的捧场则可能征服我们队伍中的意志薄弱者。可能有这样一些共产党人，他们是不曾被拿枪的敌人征服过的，他们在这些敌人面前不愧英雄的称号；但是经不起人们用糖衣裹着的炮弹的攻击，他们在糖弹面前要打败仗。我们必须预防这种情况"（毛泽东《在中国共产党第七届中央委员会第二次全体会议上的报告》）。正是在这种情况下，毛泽东提出"务必使同志们继续地保持谦虚、谨慎、不骄、不躁的作风，务必使同志们继续地保持艰苦奋斗的作风"，其目的就在于防范过度享乐主义的蔓延，防止这种主义对革命建设事业的侵蚀。在当今时代，人们作乐的方式多种多样，但若内心没有强烈的意志，必定会见异思迁，丧失掉做人的根本。党的十八大以来，习近平总书记多次强调要持之以恒地对"四风"问题大排查、大检修、大扫除，"拿出过硬措施，扎扎实实地改"（《习近平：纠正"四风"不能止步　作风建设永远在路上》，人民网，2017年12月12日），党的干部尤其要从自身做起，严格要求自己，坚决抵制各种追求享乐的思想和行为，牢记自身的使命和责任，知进退，懂取舍，不负党和人民以及时代的重托。

淫佚可以为戒，勤俭可以为师。

——史料出处：《辽史》第一百〇七卷　列传第三十七　列女耶律氏常哥

原文

耶律氏，太师适鲁之妹，小字常哥。幼爽秀，有成人风。及长，操行修洁，自誓不嫁。能诗文，不苟作。读《通历》，见前人得失，历能品藻。……淫佚可以为戒，勤俭可以为师。错枉则人不敢诈，显忠则人不敢欺。勿泥空门，崇饰土木；勿事边鄙，妄费金帛。满当思溢，安必虑危。刑罚当罪，则民劝善。不宝远物，则贤者至。建万世磐石之业，制诸部强横之心。欲率下，则先正身；欲治远，则始朝廷。"上称善。

经典导读

耶律常哥是当时太师适鲁的小妹，自幼聪明俊秀，长大后操行高洁，誓不嫁人。不仅能写诗文，而且还通晓历史，能品评得失，从中汲取经验教训。"淫侈可以为戒，勤俭可以为师"就出自其评述时政所作的文章。这既是对历朝历代经验教训的借鉴，也是对历史兴衰成败规律的一种总结。史载"上称善"，就是对其为人、思想的一种肯定。常哥在文中所列诸事，从正反两方面对国君提出了善意的劝谏和提醒，具有长久的价值和意义。即使从今天来看，也可以发挥其积极作用。

文意阐释

淫侈，淫即过度之意，侈即浪费，淫侈指的是过度浪费。古人曾说"俭，德之共也；侈，恶之大也"（《左传·庄公二十四年》）。视"侈"为最大的恶，视"俭"为最至上的德。而且，勤俭也是中华民族的传统美德和优良传统。从个人层面而言，诸葛亮在《诫子书》中说"俭以养德"，是自我修身的重要路径；从国家层面而言，李商隐在《咏史》诗中曾说："历览前贤国与家，成由勤俭败由奢。"所以说，淫侈要戒除，也要儆诫；勤俭要学习，也要保持。

知识拓展

古今中外历史上关于奢侈浪费、勤俭节约的故事不胜枚举,无论是对一个人还是一个国家,都有着不容忽视的镜鉴意义。中国古人很早就认识到了要多行勤俭,戒除淫佚,也留下了诸多嘉言懿行,激励着后人。从《尚书》中说的"克勤于邦,克俭于家",到《朱子家训》的"一粥一饭,当思来处不易;半丝半缕,恒念物力维艰",这些古训格言早就成为中华传统美德,刻入了中国人的文化基因里面。中国共产党作为中华优秀传统文化的坚定继承者和弘扬者,在继承崇俭戒奢的美德的基础上,在百余年的激荡历史中铸就了艰苦奋斗和勤俭节约的优良传统。建党至今,一代又一代中国共产党人不忘初心,继续发扬厉行勤俭节约、反对铺张浪费的精神,取得了举世瞩目的成就。毛泽东早在新中国成立初期就提出,"要使我国富强起来,需要几十年艰苦奋斗的时间,其中包括执行厉行节约、反对浪费这样一个勤俭建国的方针"(毛泽东《关于正确处理人民内部矛盾的问题》)。习近平总书记也鲜明地指出,"我国还有为数众多的困难群众,各种浪费现象的严重存在令人十分痛心","浪费之风务必狠刹!要加大宣传引导力度,大力弘扬中华民族勤俭节约的优秀传统,大力宣传节约光荣、浪费可耻的思想观念,努力使厉行节约、反对浪费在全社会蔚然成风"(《习近平:官员要率先垂范杜绝公款浪费》,新华网,2013年1月29日)。在某种程度上,作为执政党,中国共产党内一些干部存在的奢靡浪费、贪图享乐等不良作风,已严重损害了我们党的形象,他们滥用自己手中的权力铺张奢侈,造成了极其坏的后果。习近平总书记的批示表明了中央厉行勤俭节约、反对铺张浪费的鲜明态度和坚定决心，体现了中央关心群众生活、注重改善民生的为民情怀。当前，面对国内外潜在的、前所未有的风险挑战，各级党政军机关、事业单位，各人民团体、国有企业，各级领导干部，都要率先垂范，严格执行公务接待制度，严格落实各项节约措施，坚决杜绝公款浪费现象。习近平总书记多次强调，不论我们国家发展到什么水平，不论人民生活改善到什么地步，艰苦奋斗、勤俭节约的思想永远不能丢。这既是我们党自成立以来不断发展壮大、成就伟业的宝贵财富，也是现在乃至于将来指导我们工作，进而继往开来、再创伟业的重要保证。

> 君以民为体,
> 民以君为心。
> 人主当任忠贤,
> 人臣当去比周。

——史料出处:《辽史》第一百〇七卷 列传第三十七 列女耶律氏常哥

原文

咸雍间,作文以述时政。其略曰:"君以民为体,民以君为心。人主当任忠贤,人臣当去比周;则政化平,阴阳顺。欲怀远,则崇恩尚德;欲强国,则轻徭薄赋。四端五典为治教之本,六府三事实生民之命。

经典导读

元人所撰《辽史》对于贤女、烈女有很不同的看法。史载"与其得烈女,不若得贤女。天下而有烈女之名,非幸也"。他们认为与其得烈女,表彰她们的德操,还不如得到贤女,使其辅益家室。天下有烈女这样的佳名，实际并非幸事。《诗经》对卫共姜、《春秋》对宋伯姬的褒扬是不得已而为之，反映了当时人伦观念变化的情形。辽国当时雄踞北方，风土人情较之于中原显得尤其豪放，反映了契丹人所信奉的人伦观念。纵观辽史，也就只有贤女二人，烈女三人。耶律常哥终身不嫁，善诗文，仍然关注朝政，虽居于一室之内尚且不忘忠君。史书称其"非贤而能之乎"，给予了很高的评价。

文意阐释

"君以民为体，民以君为心。人主当任忠贤，人臣当去比周"这几句话是对古代君民、君臣关系的一种理想化描述，或者可以视为是一种应然的君臣之道。"民以君为心，君以民为体"出自《礼记·缁衣》，意思是君应该以民为根本，民应该以君为归依。这句话下文还记载道，"心以体全，亦以体伤。君以民存，亦以民亡"，较为明显地揭示了君民之间的辩证关系，与"水能载舟，亦能覆舟"的道理是一致的。比周，指的是结党营私，用荀子较为浅显的话来说就是"朋党比周，以环主图私为务"（《荀子·臣道》）。"人主当任忠贤，人臣当去比周"，这句话指的是人君应该任用那些忠诚贤能之人，人臣应该杜绝结党营私的勾当。《管子·法法》中也说，"群臣比周，则蔽美扬恶"。这与孔夫子所区分的"君子周而不比，小人比而不周"（《论语·为政》），就其本义而言是较为相近的，都是要趋善避恶，亲贤远佞。

知识拓展

以民为本是我国古代政治文化乃至中华优秀传统文化的一个重要特征，尤为儒家所称道，在历代的发展过程中逐渐形成了影响至今的"民本"思想。在儒家看来，人民，只有人民才是整个国家的根本，同时，只有这个根本牢固了，国家才能安定和谐。这就是古人说的"民惟邦本，本固邦宁"(《尚书·五子之歌》)。孟子在这个基础上提出"民为贵，社稷次之，君为轻"(《孟子·尽心下》)的理念，千百年来为人们所推崇。这就告诫人君应该时刻关注和保护人民的权益和地位，选拔任用贤能之人，而不应该凌驾于人民之上，不顾百姓的安危和利益。只有如此，人民才会拥护人君。否则，就会被推翻。此外，在君臣之间，还应恪守相应的准则。对于君主而言，要选拔任用忠诚贤能之人，对于那些臣民而言，应该杜绝结党营私。只有合理地处理好两者之间的关系，按照各自的准则行事，才能取得政治清明的良好效果。

中国共产党之所以能取得革命、建设和改革的伟大胜利，不断开拓中国特色社会主义事业新境界，从根本上而言就在于坚持了人民中心观，时刻不忘人民才是国家的主人，时刻不忘最大限度地维护和争取最广大人民的根本利益，因而也就得到了最广大人民群众的认可和拥护，共同推动着中国特色社会主义现代化建设伟大事业的不断前进。"新的征程上，我们必须紧紧依靠人民创造历史，坚持全心全意为人民服务的根本宗旨，站稳人民立场，贯彻党的群众路线，尊重人民首创精神，践行以人民为中心的发展思想，发展全过程人民民主，维护社会公平正义，着力解决发展不平衡不充分问题和人民群众急难愁盼问题，推动人的全面发展、全体人民共同富裕取得更为明显的实质性进展"（习近平《在庆祝中国共产党成立100周年大会上的讲话》）！

一些党员干部结党营私、谋求团体利益的违纪行为，对党和人民的事业造成了不良的影响。共产党选人用人坚决不能搞小山头、小圈子、小团伙那一套，不允许搞团团伙伙、帮帮派派，不允许搞利益集团、进行利益交换。对于这些违纪行为要坚决予以打击，维护党的光辉形象，避免给党和人民的伟大事业带来损害。

辞亲入仕,当以裕国安民为事。枉道欺君,以苟货利,非吾志也。

——史料出处:《辽史》第一百〇五卷 列传第三十五 能吏 耶律铎鲁斡传

原文

耶律铎鲁斡,字乙辛隐,季父房之后,廉约重义。重熙末,给事诰院。咸雍中,累迁同知南京留守事。被召,以部民恳留,乃赐诏褒奖。大康初,改西南面招讨使,为北面林牙,迁左夷离毕。大安五年,拜南府宰相。寿隆初,致仕,卒。

铎鲁斡所至有声,吏民畏爱。及退居乡里,子普古为乌古部节度使,遣人来迎。既至,见积委甚富。谓普古曰:"辞亲入仕,当以裕国安民为事。枉道欺君,以苟货利,非吾志也。"命驾而归。普古后为盗所杀。

经典导读

铎鲁斡是辽代有名的廉吏,虽然官高位显,却廉洁节俭,重义轻财。终其一生,无论在何地何处任职都有着很好的政绩和声名,赢得了官吏和百姓的共同敬畏和爱戴。退居乡里后,其子普古作为节度使来迎请铎鲁斡。铎鲁斡到了之后发现他儿子积累的财富十分丰厚,大为不满,就告诫其儿子说,切不可贪财,应该竭忠尽智,使国家富裕、百姓安康才是。违背道义,欺瞒君主,并以此来获利的行为,绝非我的本心。后来,普古为盗贼所杀。

文意阐释

"辞亲入仕,当以裕国安民为事。枉道欺君,以苟货利,非吾志也",意思是,辞别亲人入仕做官,应该致力于使国家富裕昌盛,百姓安居乐业。违背道义,欺瞒君主,不能一心一意为国为君,反而藉此去谋取利益聚敛财富,既非我的本心所在,也绝不是我一直以来对你的期望。可以说,普古辜负了铎鲁斡的教诲。古人说,求忠臣于孝子之家,在家不孝,不能养父母之志,在外入仕做官,必然不能很好地忠君报国。

知识拓展

受制于古代家国同构的政治模式和国家形态,古人读书入仕,在很大程度上都有一种光耀门楣的朴素想法。此外,孟子还提到"家贫亲老,不为禄仕,二不孝也"(《孟子·离娄上》)。将出仕与孝道联系起来,也深刻地影响了此后的历史。但是,因为受到儒家圣贤教育的潜在熏染,儒家士人辞亲入仕还会希望遵照圣贤的教诲为国为民作出应有的贡献。这就是孔门高足子路说的"不仕无义。长幼之节,不可废也;君臣之义,如之何其废之"(《论语·微子》)。事实上,为了拯救混乱的社会,自觉承担国家和社会的责任,是有着很强的主观能动性的,必须要有一部分人作出自己的贡献。即"君子之仕也,行其义也"(《论语·微子》)。这与一些汲汲奔走于权贵之门妄图得到一官半职谋求私利的人是大不相同的。因此可知,儒家士人的入仕有着很强的道义支撑和引导,其最终目的可以说是治国平天下,也就是这里所说的"裕国安民"。倘若没有这种情怀,就无法做到清正廉洁,为国为民,就会像普古一样"枉道欺君,以苟货利"。对于现在的官员而言,他们也必须首先认清楚自己辞亲做官的本心和目的何在。如果没有高尚的情怀和为人民服务的用心,即使出来做官,也不会为国家和人民作出积极的贡献。拿着做官当条件,违反党纪国法,只求谋取私利的官员干部,又怎么能不受法律的严惩和良心的谴责呢?这样的例子古往今来比比皆是,又岂是假的?为何去当官,当官又为了谁,这是每个从政的党员干部都要扪心自问的,也是必须要搞清楚、弄明白的。这个问题不解决好,以后就会出大事。从党的性质和宗旨来看,人民是我们党的力量源泉,我们党的根基在人民、血脉在人民,必须始终以百姓心为心。因此，共产党的干部只能做老百姓的官，自己也是老百姓的一员，而不是高高在上的官老爷。"年轻干部无论是立身处世还是从政干事，首先要解决好'我是谁、为了谁、依靠谁'的问题，不断追求'我将无我，不负人民'的精神境界"（《习近平在中央党校（国家行政学院）中青年干部培训班开班式上发表重要讲话》，新华网，2021年3月1日）。为官一任，要造福一方。廉洁自律是共产党人做官的底线，决心从政就必须耐得住清贫，守得住寂寞，坚定自己为党和人民事业奋斗终身的理想信念。习近平总书记指出："不要把当官作为一个满足无穷贪欲、获得无限私利的捷径，那样迟早要完蛋"（陈鲁民《"当官就不要发财，发财就不要当官"》，中国军网，2015年1月27日）。习近平同志还提出了"为官四要"，即为官之本在于为官一场，造福一方；为官之理在于讲奉献；为官之德在于清廉；为官之义在于明法。这些话是对那些准备做官和已经做官的领导干部的真切警醒，必须予以高度的重视和体察。习近平总书记向来重视依法治国，他曾指出："法治是治国理政的基本方式，要更加注重发挥法治在国家治理和社会管理中的重要作用，全面推进依法治国，加快建设社会主义法治国家"（《习近平：在首都各界纪念现行宪法公布实施30周年大会上的讲话》，新华网，2012年12月4日）。习近平同志还引用了很多传统文化中的经典来阐述执法之道，"首先，领导干部要懂法，'为官之义在于明法'。知道哪些可为，哪些不可为。'明'也是让自己懂法，在内心拉一条底线。其次，领导干部带头遵纪守法,所谓'子帅以正,孰敢不正',才能让法令顺利推行。最后,领导干部执法时要公平正直,理国要道,在于公平正直"(《习近平论干部之道》,新华网,2015年8月12日)。

肆叛逆，致乱亡，皆是人也。有国家者，可不深戒矣乎。

——史料出处：《辽史》第一百一十四卷　列传第四十四　逆臣下

原文

辽之秉国钧，握兵柄，节制诸部帐，非宗室外戚不使，岂不以为帝王久长万世之计哉。及夫肆叛逆，致乱亡，皆是人也。有国家者，可不深戒矣乎！

经典导读

辽国作为少数民族建立的政权，在处理契丹族和汉族之间的关系方面，创立了南北二官来处理治国理政中遇到的问题。在这种情况下，必然要把统治的核心权力交给契丹族人，即所谓的"宗室外戚"，以防权力旁落。因此，握有辽国大权和兵权、掌控不同部族之人，莫不是那些宗亲外戚，为的就是保持辽国万世不灭。但事实上，秉权的是这些契丹贵族，篡权的也是这些人，叛逆乱亡之事多有发生，也都是人为造成的。统治国家的人，难道不应该从中吸取教训吗？

文意阐释

肆，有任意而为的意思。肆叛逆，指的是任由作出叛乱之事。致乱亡，即招致动乱、灭亡之意。这句话是说，作出叛乱之事并带来动乱和灭亡的也都是上面所说的那些宗亲外戚所为的。联系到上半句话，其目的是为了警戒那些国君，要从国家长治久安的角度对宗亲外戚专权擅政的行为有所警戒提防，从而避免亡国绝嗣之灾。

知识拓展

宗室外戚专权擅政一直以来都是中国历代政治所面对的一个重要问题，历史上因为宗室、外戚专权而带来朝代覆亡和更迭的例子比比皆是。在一些帝王眼里，对宗室外戚的信赖和依靠可以保证其王权的长久，但事实上，也正是这些宗室外戚既得利益者构成了颠覆这个王权的主要力量和群体。孔子说祸起萧墙，就是最贴切的比喻。用另外一句通俗的话来说，就是堡垒最容易从内部攻破。

中国共产党自成立以来，在团结和领导中国人民夺取革命、建设和改革伟大胜利的征途上取得了举世瞩目的成就，但是也遇到了不少棘手的问题。这些问题如果解决不好，就很可能会葬送掉党和人民的事业，其中最凸显的就是共产党内部的"蛀虫"问题。邓小平早在20世纪就给出过严肃的警告，"中国要出问题，还是出在共产党内部"（邓小平《在武昌、深圳、珠海、上海等地的谈话要点》）。因此，我们应该特别警惕，必须时刻注意加强党的建设，改善党的领导，把党内的"蛀虫"彻底清除出去。从历史来看，党内的"蛀虫"越大，对党和人民事业的危害也就越大。贪官污吏、反党分子就如同蛀虫一样，虽然打着党和人民的旗号，背地里却做着侵害国家利益的可耻勾当，走到了党和人民的对立面。党内那些权力大、位置重的领导干部政治野心膨胀，为了一己私利和小团体利益，作出背着党组织搞政治阴谋活动，搞破坏分裂党的政治勾当！正是着眼于此，我们党根据新形势下的任务，把全面从严治党纳入"四个全面"战略布局，把党风廉政建设和反腐败斗争作为全面从严治党的重要内容，先后出台并逐渐完善了《中国共产党党内监督条例》以及《中国共产党纪律检查委员会工作条例》等，持续推动党风廉政建设和反腐败斗争。习近平总书记指出，"惩治腐败这一手必须紧抓不放、利剑高悬，坚持无禁区、全覆盖、零容忍"（《习近平：军令状不是随便立的 我们说到就要做到》，央视网，2016年5月6日），面对党内尚且存在的"政治上变质、经济上贪婪、道德上堕落、生活上腐化"的"蛀虫"，必须毫不手软地予以坚决消灭，净化党内的政治生态，"确保党不变质、不变色、不变味，确保党在新时

肆叛逆，致乱亡，皆是人也。有国家者，可不深戒矣乎。

代坚持和发展中国特色社会主义的历史进程中始终成为坚强领导核心"(《中共中央关于党的百年奋斗重大成就和历史经验的决议》)。

> 先王柔远,以德而不以力,尚矣。

——史料出处:《辽史》第一百一十五卷 列传第四十五 二国外记 高丽

原文

高丽、西夏之事辽,虽尝请婚下嫁,乌足以得其固志哉?三韩接壤,反覆易知;凉州负远,纳叛侵疆,乘隙辄动;贡使方往,事衅随生。兴师问罪,屡烦亲征。取胜固多,败亦贻悔。昔吴赵咨对魏之言曰:"大国有征伐之兵,小国有备御之固。"岂其然乎!先王柔远,以德而不以力,尚矣。辽亡,求援二国,虽能出师,岂金敌哉。

经典导读

辽国当时强盛之际，高丽和西夏都曾归顺于辽，乃至于请求辽国公主下嫁，通过婚嫁以保持两国之间的和平关系。但从现实来看，这种方式并不足以确保彼此之间的和平相处，甚至在交往过程中照样会出现挑衅敌对之举。三韩与辽国接壤，其人反复难测；凉州距辽国地理位置遥远，又时常接纳叛贼，侵犯边疆，伺机而动。辽主固然可以兴兵征伐，但却不能保证常胜不败。虽然胜多负少，但打败仗之后所留下的遗憾也难以平复。何况大国有征伐之兵，小国同样有防御之举，妄想依靠武力一劳永逸地解决问题，是不可能的。不能从根本的德政上入手，是无法服人的。

文意阐释

柔远，是怀柔远方的意思，指的是通过温和而非武力的手段使远方的国家或民族归附，尤其是用来形容大国对小国的外交策略。以德不以力，指的是依靠德政服人，而不是滥用武力。孔子就说过，"远人不服，则修文德以来之"（《论语·季氏》），管子也说"怀远以德"（《左传·僖公七年》），两者都强调对德的推崇。可见，中国古人向来在处理国与国之间的关系时重德不重力，而且常常对于那些靠着武力征伐取得胜利的会予以道义上的批判。因此，正如孟子所说的，"以力服人者，非心服也，力不赡也；以德服人者，中心悦而诚服也"（《孟子·公孙丑》)。这就意味着，以德不以力是最为合适的用来处理国家关系的准则了，正是在这个意义上，"以德绥诸侯，谁敢不服"(《左传·僖公四年》)？

知识拓展

中国自古即是一个爱好和平的国家，也是一个礼义之邦，在处理国与国之间的关系时崇礼尚德、讲信称义，并在此基础上实现协和万邦的天下秩序。由历史可知，如果不能在国家治理中按照德和礼的要求，必然会给一个国家带来覆亡之灾，这就是孔子说的"圣人以礼示之，故天下国家可得而正也"(《礼记·礼运》)。另外，"德教者，人君之常任也……和万邦，藩黎民，召天地之嘉应，降鬼神之吉灵者，实德是为，而非刑之攸致也"。(《昌言》)这就是说德教在协和万邦中所占有的地位和价值，可以说德是第一位的，而不是靠刑罚之类所能达致。正是在这个意义上，鲁庄公告诫他弟弟征伐齐师之时就说"务修德以待时"(《左传·庄公八年》)。反映了古人对"德"的高度自觉，也凸显了"德"对国家间外交行为的深刻影响。因此，"以德绥戎，师徒不勤，甲兵不顿……而用德度，远至迩安"(《左传·襄公四年》)。这就很明显地指出，如果处理国家关系时依靠"德"，就不仅不会劳师动众，杀伐用兵，还能使远者来而近者安。正是受到这种思想的影响，中国自古以来就选择坚定不移地走和平发展的道路，从不对小国家进行欺凌。

纵观世界历史，依靠武力向外侵略扩张最终都是要失败的。对待国家间存在的大小分歧和争端，一定"要坚持通过对话协商以和平方式解决，以对话增互信，以对话解纷争，以对话促安全，不能动辄诉诸武力或以武力相威胁""只有基于道义、理念的安全，才是基础牢固、真正持久的安全。我们要推动建设开放、透明、平等的亚太安全合作新架构，推动各国共同维护地区和世界和平安全"（习近平《弘扬和平共处五项原则　建设合作共赢美好世界——在和平共处五项原则发表60周年纪念大会上的讲话》，《经济日报》，2014年6月29日第2版）。

春秋之际，楚国子期征伐陈国，延州季子对子期说："二君不务德，而力争诸侯，民何罪焉？我请退，以为子名，务德而安民"（《左传·哀公十年》）。如果修德的目只是为了征伐他国，享有霸名，却不顾及对百姓的残害和虐待，又如何称得上是"德"呢？所以，国无德不兴，人无德不立，只有重德不重力，才能赢得世界的尊重，只有通过对话合作，才能和谐促进各国和本地区安全。因此，要坚持以合作谋和平、以合作促安全，坚持以和平的方式解决国际争端，反对动辄使用武力或以武力相威胁。同时也要坚持发展和安全并重，以可持续发展，促进可持续安全。

求人之失,虽小而可恕,谓重如泰山。身行不义,虽入大恶,谓轻于鸿毛。

——史料出处:《辽史》第一卷 本纪第一 太祖耶律阿保机上

原文

八年春正月甲辰,以曷鲁为迭剌部夷离堇,忽烈为惕隐。于骨里部人特离敏执逆党怖胡、亚里只等十七人来献,上亲鞠之。辞多连宗室及有胁从者,乃杖杀首恶怖胡,馀并原释。于越率懒之子化哥屡蓄奸谋,上每优容之,而反覆不悛,召父老群臣正其罪,并其子戮之,分其财以给卫士。有司所鞠逆党三百馀人,狱既具上以人命至重,死不复生,赐宴一日,随其平生之好,使为之。酒酣,或歌、或舞、或戏射、角抵,各极其意。明日,乃以轻重论刑。首恶刺葛,其次迭刺哥，上犹弟之，不忍置法，杖而释之。以寅底石、安端性本庸弱，为刺葛所使，皆释其罪。前于越赫底里子解里、刺葛妻辖刺已实预逆谋，命皆绞杀之。寅底石妻涅离胁从，安端妻粘睦姑尝有忠告，并免。因谓左右曰："诸弟性虽敏黠，而蓄奸稔恶。尝自矜有出人之智，安忍凶狠，溪壑可塞而贪黩无厌。求人之失，虽小而可恕，谓重如泰山；身行不义，虽入大恶，谓轻于鸿毛。昵比群小，谋及妇人，同恶相济，以危国祚。虽欲不败，其可得乎？北宰相实鲁妻馀卢睹姑于国至亲，一旦负朕，从于叛逆，未寘之法而病死。此天诛也。解里自幼与朕常同寝食，眷遇之厚，冠于宗属，亦与其父背大恩而从不轨，兹可恕乎！"

经典导读

辽太祖耶律阿保机是辽国的建立者，他推出的为政举措促进了北方各民族间的政治、经济和文化交流，推动了契丹及北方各民族的发展和进步，也为日后中国的统一奠定了基础，作出了不小的贡献。辽太祖还创造出了契丹文字，并且在辽地兴建孔庙、道观等，为儒家和道家文化在少数民族间的传播创造了难得的契机。耶律阿保机在被推举为契丹可汗之后，想要终身世袭而改变了契丹此前传承已久的世选制，引起了耶律阿保机弟弟们以及契丹贵族的不满。辽太祖的弟弟耶律刺葛于是勾结其他几个弟弟以及契丹宗亲贵族连续发动三次叛乱，意图谋反，都被耶律阿保机平定。耶律阿保机多次以兄弟之心怜悯，只是廷杖以示惩罚，并不予治罪，说"汝与吾如手足，而汝兴此心，我若杀汝，则与汝何异"（《辽史补注·宗室下》）！可惜刺葛为人狡黠蓄恶，凶狠贪婪，脾性不改，最后因为叛兄弃母，负义背国而为唐庄宗李存勖诛杀。其他重犯，或被绞杀，或因病而死。这几次叛乱虽然没有给耶律阿保机带来特别的重创，但实际上已经大大地伤了契丹贵族内部的和气，埋下了此后内部争斗的种子。

文意阐释

"求人之失，虽小而可恕，谓重如泰山；身行不义，虽入大恶，谓轻于鸿毛"，这两句话是耶律阿保机在平定刺葛多次叛乱之后对他诸位弟弟的评价，是有针对性的。"求人之失，虽小而可恕，谓重如泰山"，指的是过于挑剔他人的过失，尽管这些过失看起来很小，也可以宽恕，但在刺葛等人看来却视其为重于泰山般的大错。"身行不义，虽入大恶，谓轻于鸿毛"，指的是自己做了不义之事，即使已经是大恶，但却自认为轻于鸿毛，不值一提。这里实际上描述的是宽以待己、严于律人的现象，也即古人所说的见人恶不知己恶的道理。辽太祖此话所指的正是其诸位弟弟，刺葛等人蓄奸作恶，凶狠残忍，

求人之失，虽小而可恕，谓重如泰山。身行不义，虽入大恶，谓轻于鸿毛。

亲近小人，乃至于与妇人谋划反叛，危害国家安定，想要不自取灭亡，如何可能呢？！最后刺葛因为多次叛变而被李存勖所杀。

知识拓展

中国古人向来有小善亲力亲为、小恶防微杜渐的思想，其本质即是儒家所强调的修身。从现实来看，"人谁无过。过而能改，善莫大焉"（《左传·宣公二年》），儒家向来以忠恕之道待人，忠，即己欲立而立人，己欲达而达人；恕，即己所不欲，勿施于人。用浅显的话来说，就是对于别人的过失都要尽力宽恕和包容，而对那些有违社会上普遍认可的伦理道德则予以严加惩处，以免败坏风俗，危害社会，尤其是强调在待人接物、安身立命之时奉行宽以待人，严以律己的准则，告诫自己不可放逸、宽纵自己。韩愈就说过："古之君子，其责己也重以周，其待人也轻以约。重以周，故不怠；轻以约，故人乐为善"（韩愈《原毁》）。这里所要表达的也是宽人严己的意思。我国古代著名的名言汇集《格言联璧》中也说，"持己当从无过中求有过，待人当于有过中求无过"，同样是要严于律己、宽以待人的意思。这既是传统文化修身的核心，也是我们党长期以来恪守的优良传统。正是得益于此，无数共产党人在革命、建设和改革的伟大事业中顶住了糖衣炮弹的冲击，保持住了共产党人的政治底色。雷锋同志说："对待同志要像春天般的温暖,对待工作要像夏天一样的火热,对待个人主义要像秋风扫落叶一样,对待敌人要像严冬一样残酷无情"(《雷锋日记》)。就是要在对待自己和他人时予以严格区分。宽以待己、严以律人从实质上来说就是个人主义在作祟,导致只能听好的,不能听坏的,看不见别人的好,也看不见自己的坏,完全从个人的自私观点出发,不知有阶级的利益和整个党的利益,从而会严重地削弱组织及其战斗力。毛泽东在谈到白求恩时写道,"白求恩同志毫不利己专门利人的精神,表现在他对工作的极端的负责任,对同志对人民的极端的热忱",而绝对不是"对工作不负责任,拈轻怕重,把重担子推给人家,自己挑轻的。一事当前,先替自己打算,然后再替别人打算。出了一点力就觉得了不起,喜欢自吹,生怕人家不知道。对同志对人民不是满腔热忱,而是冷冷清清,漠不关心,麻木不仁"(毛泽东《纪念白求恩》)。对于党的各级领导干部而言,必须要很清楚哪些是可以宽恕的过失之举,哪些是不容触碰的行为。领导干部要严于律己,牢固树立法律红线不能触碰、法律底线不能逾越的观念,心存敬畏、慎独慎微。任何有违党纪国法、社会公序良俗的都必须从最初的观念下手予以断除,努力克服和改正不正之风,强化纪律规矩意识。俗话说,小洞不补,大洞受苦,小节不注意,长久而来必然会导致大节亏损。这就说明一定要防微杜渐,将祸害杜绝于开端,将隐患消灭于萌芽。习近平总书记在中共中央政治局第四十次集体学习时指出,要

> 求人之失,虽小而可恕,谓重如泰山。身行不义,虽入大恶,谓轻于鸿毛。

"用优秀传统文化正心明德,补足精神之'钙',铸牢思想之'魂',筑牢思想道德防线……职位越高、权力越大,就越要有敬畏之心、越要严于律己"。因此,各级领导干部要多反省自己,多照照镜子、掸掸灰尘,而不是一直盯着别人,吹毛求疵。

善恶判于跬步，祸患极于怀襄。

——史料出处：《金史》卷一百三十三 列传第七十一《叛臣》

原文

古书"畔"与"叛"通，畔之为言界也。《左氏》曰，政犹"农之有畔"，是也。君臣上下之定分，犹此疆彼界之截然，违此向彼，即为叛矣。善恶判于跬步，祸患极于怀襄，吁，可畏哉！作《叛臣传》。

经典导读

历史地看，古人在二十四史中专列《叛臣传》，始于《新唐书》。此前则只在《晋书》中设有《叛逆传》，《南史》中设有《贼臣传》。《新唐书》由北宋时期宋祁、欧阳修等人编修，旨在取代言浅意陋的《旧唐书》，首次设立《叛臣传》之主要目的在于惩恶扬善，昭示大义，教化百姓。此后诸史大多沿循此例，设有《叛臣传》《逆臣传》《奸臣传》等，以为后世来者之警诫。清乾隆年间所编撰的《续通志》在《叛臣传》条目下写道："《叛臣传》仿自《新唐书》。宋以后，各史因之。取诸背叛之臣，汇而列之，各着其祸变之由，覆败之迹，较之旧史，体例尤为严密。五代史统归列传，兹案事实补编。辽史无叛臣传，而于奸逆二门所载已详，兹不更为析置焉。"可见其目的在于为后人尤其是帝王提供辨别奸邪之人、汲取成败祸由的历史镜鉴。虽然其间不免有宣扬狭隘的封建君仁臣忠的思想，但若批判地看，其间所昭示的历史经验与教训，仍然值得当今之人深思。《金史》把张觉列为叛臣，指的是他背叛金国投降宋朝的史实。张觉最初身仕辽朝，官至兴军节度副使，后以平州投降金朝，受到金人的提拔，被封为临海军节度使，后又官至南京留守。又因心怀异志，遂叛金降宋，接受北宋的封赏。因此，张觉才被后人视为叛臣，列入《叛臣传》。后来金人借机伐宋，最终杀掉张觉。《史赞》谓之："金人以燕山与宋，遂启张觉跳梁之心，觉岂为宋者哉，盖欲乘时以徼利耳！"揭露了张觉追逐私利的用心和行径。

文意阐释

跬，按古人的解释，即"一举足"之意，也即迈步，用来比喻很小的举动。《类篇》引《司马法》说，"凡人一举足曰跬。跬，三尺也。两举足曰步。步，六尺也"。所以也有"半步为跬"（《扬子·方言》）的说法。《荀子·劝学》中有"不积跬步无以至千里"之说。"善恶判于跬步"指的是，善恶可以从极小的细微之处得以辨识。"祸患极于怀襄"，"怀襄"最早出自于《尚书·尧典》，原文为："汤汤洪水方割，荡荡怀山襄陵。"南宋蔡沈所作的《书集传》给出的解释是："怀，包其四面也；襄，驾出其上也。"原文用来比喻洪水浩大，此处特别用以形容祸患已经到了十分严重的地步。结合上下文就可以知道，无论善恶祸患都与君臣上下之义有着紧密联系，倘若不严格恪守君臣之义而擅自逾越两者间本该固有的"定分"，就必然会造成令人"可畏"——杀身之祸的后果。

知识拓展

叛臣自古就有，代不乏人。较之于小人，更为人们所憎恶。中国漫长的封建时代自秦汉以来就是一家一姓之帝王统治，一直以来都极为强调臣民对皇帝和朝廷的忠义，严厉禁止臣民动乱和反叛。所以，历来史书所载罪名莫不以"谋逆"之罪为最大最重，而且惩罚的手段也最严酷，往往要诛杀九族，予以彻底铲灭。这样的例子史书多有记载，每个朝代都出现过。

今日中国已是人民当家做主的现代国家，虽然没有了古人那种苛刻的名分，但仍然有一些人做出背叛之事，其除了指称一般层面上的公民之外，更多指向的是党的一些干部，他们为了谋取一己之私利,背叛了共产主义信仰和共产党员为人民服务的根本宗旨,也背叛了党组织和生养自己的祖国,走到了党和国家、人民的对立面。中国现在正处于全面深化改革的关键阶段,"台独"分裂日益成为祖国统一的最大障碍以及民族复兴的严重隐患,至今仍有不少"台独"分子甘愿做背叛祖国和人民的罪人、恶人,令亲者痛、仇者快。全国各族人民,尤其是各级党员干部一定要在关乎国家、民族等重大问题上树立正确的是非观念,勿以善小而不为,勿以恶小而为之。要明辨善恶正邪,恪守党的性质和宗旨,和最广大的人民群众站在一起,恪尽职守,兢兢业业,不做任何被人民"戳脊梁骨"的丑恶行径!从另一个层面来说,我们也必须在全社会大力加强爱国主义教育,大力弘扬爱国主义精神,使人们树立高度的民族自尊心和民族自信心,铸牢中华民族共同体意识,紧紧依靠全体中华儿女,坚持大团结和大联合,在不断巩固和发展最广泛的爱国统一战线的基础上,广泛凝聚中华民族一切智慧和力量,忠于祖国和人民,恪尽职守,竭尽全力,坚决同一切分裂祖国的行径和伎俩作斗争,不负国家,不负人民!

故为政于天下,虽方伎之事,亦必慎其所职掌,而务旌别其贤否焉。

——史料出处:《金史》卷一百三十一 列传第六十九《宦者》

原文

太史公叙九流,述《日者》、《龟策》、《扁鹊仓公列传》。刘歆校中秘书,以术数、方伎载之《七略》。后世史官作《方伎传》,盖祖其意焉。或曰《素问》、《内经》言天道消长、气运赢缩,假医术,托岐黄,以传其秘奥耳。秦人至以《周易》列之卜筮,斯岂易言哉!第古之为术,以吉凶导人而为善,后世术者,或以休咎导人为不善,古之为医,以活人为功,后世医者,或因以为利而误杀人。故为政于天下,虽方伎之事,亦必慎其所职掌,而务旌别其贤否焉。金世,如武祯、武亢之信而不诬，刘完素、张元素之治疗通变，学其术者皆师尊之，不可不记云。

经典导读

此处所谈论的方伎之事，虽位列于《宦者》之下，但并非指向的都是宦人。事实上，文中所列刘完素、张元素等人都是史上著名的医者，凭着医术的一技之长，悬壶济世而为世人所钦重，极大地推动了中医及中医文化的发展，名垂青史。历史地看，医术虽列于方伎，但若能慎重其事，取长补短，就能充分发挥其应有的社会价值。司马迁不为世俗拘囿，在《史记》中特设《日者》、《龟策》等传，即凸显方伎之术仍然有其可以为善、值得称道之一面，后人背离其意，遂为了牟利而误人误己，真是大错特错。古人说术业有专攻，近人说行行出状元，都是从"方伎"的角度阐述其蕴藏的普遍价值。为政于天下固然要慎重其事，对待方伎也该如此。此外，辨别贤愚对于为政的重要性也不言而喻。习方伎之人也是如此，必须首重德性，然后选择有才干之人方可以传其道术，济世利人。

文意阐释

古人对于士大夫从政自始即抱有一种审慎而又严肃的态度，这也是传统儒家思想一以贯之的理念。所以，儒家一方面说"学而优则仕"（《论语·子张》），一方面又强调"上好礼，则民莫敢不敬；上好义，则民莫敢不服；上好信，则民莫敢不用情。夫如是，则四方之民襁负其子而至矣，焉用稼"(《论语·子路》)。自《尚书》以来，我国古代典籍关于如何为政的记述不可胜数，尤以儒家所载为巨，影响也最为深远。尽管道家的老子曾说"治大国如烹小鲜"(《道德经》第六十章)，但在儒家看来，治国并非易事。若不能慎其所为，势必不能安居其位而实现平治天下、协和万邦。孔子曾说"陈力就列，不能者止"(《论语·季氏》)，就是旨在告诫人们要抵制那些不能心存敬慎的为政者。因此，必须选贤任能，使有德有才之人居其位而行其政。"旌别贤否"因而也就成为历代中央政府选拔官员最为重视的原则，其核心即《礼记》中说的"选贤任能"，也即诸葛亮所说的"亲贤臣，远小人"(《出师表》)，这在历史上形成了一个非常悠久的选人传统。唯有"慎其所职掌"，兢兢业业，才不至于胡作非为，目无纲纪。大者如治国，小者如方伎，都莫不与一个人内心的敬慎息息相关，若不能认识并做到这一点，就必然会造成"为利而误杀人"。若是以小伎牟利，则可能误杀一人；若是借为政而谋利，则可能误杀千万人！可不慎乎！

知识拓展

强调为政者要做到敬慎，要选贤使能，充分团结和发挥不同行业和领域内的人才作用，是中国共产党自成立以来一贯的作风和追求，更是中国共产党能不断开创和推进历史伟业的重要因素之一。毛泽东同志曾提出过"两个务必"的著名

故为政于天下，虽方伎之事，亦必慎其所职掌，而务旌别其贤否焉。

173

论断，即"务必使同志们继续地保持谦虚、谨慎、不骄、不躁的作风，务必使同志们继续地保持艰苦奋斗的作风"（毛泽东《在中国共产党第七届中央委员会第二次全体会议上的报告》）。这是中国共产党自信能够跳出"其兴也勃焉，其亡也忽焉"历史周期率的一个重要经验总结，思想意义和历史意义深远。习近平总书记在谈到领导干部的道德修养问题时，曾引用古人之言，说为政必须做到清、慎和勤（王杰《为政当修清慎勤》，央广网，2018年4月7日），同时还强调"尚贤者，政之本也"（《墨子·尚贤》），把招贤、用贤置于治国理政的重要地位。从现实来看，实现中国特色社会主义现代化建设的各项目标和任务，关键在党员干部自身，因而必须要建立一支有着高素质的干部队伍。只有让实干者入位，让空谈者靠边，让那些有真才实学的好干部脱颖而出，才能使他们在各自岗位上充分发挥其聪明才智，进而通过吸引效应，汇聚更多德才兼备的人，形成良好的用人风气，共同推动中国特色社会主义事业不断向前迈进。习近平总书记多次谈到领导干部要明大德，守公德，严私德，就是要通过培养品行兼优的领导干部，锻造优良党风政风而确保中华民族伟大复兴的目标顺利实现。另外，国家的发展靠人才，民族振兴也要靠人才。面对当前错综复杂的国际局势和艰巨繁重的国内改革发展稳定任务，我国在全面建设社会主义现代化国家的历史进程中对人才的渴求越发强烈。奋进新时代，我们需要的人才到底是什么样的？如何才能"旌别贤否"呢？习近平总书记指出，"创新的事业呼唤创新的人才，实现中华民族伟大复兴，人才越多越好，本事越大越好"（习近平《在中国科学院第十七次院士大会、中国工程院第十二次院士大会开幕会上的讲话》，新华社，2014年6月9日）。我们不仅要在关键领域、关键行业、关键岗位上吸纳和培育国内外的人才，充分发挥人才的重要导向和凝聚作用，做到坚持面向世界科技前沿、面向经济主战场、面向国家重大需求、面向人民生命健康求才用人；同时，也积极鼓励和倡导在平凡岗位上、关乎民生日常的领域内把好人才关，充分发挥各自不同的价值和作用，并始终坚持把德放在第一位，就像习近平总书记多次强调的，"什么样的人该用，什么样的人不重用，都要把德放在首位"。所以，在社会主义国家，既没有所谓岗位的优劣之分，也没有职业的贵贱之别，只要每个人在其岗位上尽职尽责，充分发挥不同职业的长处，都能为整个国家和社会作出贡献。

故为政于天下，虽方伎之事，亦必慎其所职掌，而务旌别其贤否焉。

夫藩篱之固,当守信义。如不务此,虽长江之险,亦不可恃,区区两淮之地,何足屏蔽而为国哉!

——史料出处:《金史》卷九十三 列传第三十一

原文

其言名分之谕,今昔事殊者,盖与大定之事固殊矣。本朝之于宋国,恩深德厚,莫可殚述,皇统谢章,可概见也。至于世宗皇帝俯就和好,三十年间恩泽之渥,夫岂可忘?江表旧臣于我,大定之初,以失在正隆,致南服不定,故特施大惠,易为侄国,以镇抚之。今以小犯大,曲在于彼,既以绝大定之好,则复旧称臣,于理为宜。若为非臣子所敢言,在皇统时何故敢言而今独不敢,是又诚然乎哉!又谓江外之地将为屏蔽,割之则无以为国。夫藩篱之固,当守信义，如不务此，虽长江之险，亦不可恃，区区两淮之地，何足屏蔽而为国哉！昔江左六朝之时，淮南屡尝属中国矣。至后周显德间，南唐李景献庐、舒、蕲、黄，画江为界，是亦皆能为国。既有如此故实，则割地之事，亦奚不可！

经典解读

北宋徽钦二帝被金人俘虏带到金营之后，宋高宗赵构因为机缘巧合，便趁机登上皇位，正式定都于临安（今杭州），开启了偏安江南的南宋历史。从表面上看，金宋两国对立，但实际上，宋国一直处于劣势，甚至不惜忍辱求安，包括向金国称臣纳币。南宋建国后，一直妄想重新借着正统观念建立对金国的名分秩序，打破此前的约定，并且寄希望于长江天险以对抗金国。金帝听闻此事之后，作出了如上的表态。在金人看来，南宋对内不能恪守信义以治理国家，对外不能迎回二帝，以雪前耻，徒然抱着依靠长江天险以维系国家安稳的做法是愚昧至极的。此外，南宋还想违背此前两国皇帝所达成的旧有约定，更是背信弃义的做法。既指出南宋之所以必然臣服于金国的关键因素，也道出了一个国家如何才能维护"藩篱之固"的必由路径。

文意阐释

藩篱，原意指用竹子等物做成的屏障，此处用其引申义，

177

喻指的是一个国家的守御。藩篱之固即国家守御的稳固。"当守信义"指的是要以信义治理和守御国家,此即孔子所说治国以礼、为政以德,以及孟子所说施行仁政的意思,体现的是儒家一贯的德政理念。孟子说,"域民不以封疆之界,固国不以山溪之险"(《孟子·公孙丑下》),也是此意,旨在说明守御国家的关键在人而不在外在的山溪疆界。"如不务此,虽长江之险,亦不可恃,区区两淮之地,何足屏蔽而为国哉!"此处的意思是,如果不努力按照信义的要求治理国家,即使依靠长江天险也不足以作为凭恃,更何况是两淮之地了,这根本无法抵御金人的攻击。以此暗讽当时偏居江南的南宋王朝妄图依赖淮河作为天险,以拒抗北方的金朝。事实上,双方都知道,这肯定不足以保证南宋的安全。

知识拓展

古代社会因为特殊的原因在维护国家安全上首先考虑的是依靠山川等自然屏障,而且也往往有着不错的效果。所以,历史上留下来的军事要塞或城池建筑都是建在地理优势突出的地方,如李白在《蜀道难》中说的"剑阁峥嵘而崔嵬,一夫当关,万夫莫开",就是一个鲜明的例子。在很多情况下,军事重镇的得失可以直接关系到一个朝代的兴衰成败,地位十分重要。尽管如此,以孔子、孟子等为代表的儒家仍然提出国家的稳固必须依靠仁政而不能单纯依赖外在环境的治国理念,影响极为深远。人类社会进入近现代以来,随着科技的不断发展和日益进步，当今世界很多国家对山川等自然屏障的依赖已经大为减少。但这也并不意味着它们可以被彻底地忽视。事实上，一些重要的自然屏障包括一些占有重要地位置的城市至今仍然有着重大的战略地位和价值。我们既要充分认识和发挥它应该具有的战略作用，也更要认识到一个国家的稳定和安全还需要执政者实施合乎民心、顺乎民意的政策，也即古人所说的"仁政"。因此，人心才是最强大的藩篱，信义才是最坚固的防护。

夫藩篱之固，当守信义。如不务此，虽长江之险，亦不可恃，区区两淮之地，何足屏蔽而为国哉！

中国古代史上曾经出现过三次偏安江南的政权，都妄图依赖长江天险维系共治，但事实上却都事与愿违，没能成功。冯友兰先生在其所撰《西南联大纪念碑碑文》中说，"稽之往史，我民族若不能立足于中原、偏安江表，称曰南渡。南渡之人，未有能北返者。晋人南渡，其例一也；宋人南渡；其例二也；明人南渡，其例三也。风景不殊，晋人之深悲；还我河山，宋人之虚愿"。史书俱在，真实不虚，读之令人不胜唏嘘。由此，足以知道外在的山川天险并不是绝对的安全屏障，也不能带给一个国家绝对的安全。正是在这个意义上，孔子说"民无信不立"（《论语·颜渊》），又说"君子义以为质，礼以行之，孙以出之，信以成之"（《论语·卫灵公》），就是要彰显信义的重要价值和作用。《左传》中讲道，"信，国之宝也"，《大学》里面也讲"国不以利为利，以义为利也"，可见无论从个人层面还是国家层面，信义才是根本，才是必须予以坚守的。以信义立身，则身存；以信义立国，则国安。习近平主席在谈到如何处理国与国之间的关系时,以古鉴今,提出中国积极践行正确的义利观,"讲信义、重情义、扬正义、树道义"(《习近平出席中央外事工作会议并发表重要讲话》,新华网,2014年11月29日),是中国特色外交理论体系的丰富和发展,向世界展示诚实守信、加强合作、维护和平的大国好形象。

在上位者所见有不可,顺而从之,在下位者所见虽当,则遽不从乎?岂可以与己相违而蓄怒哉。如此则下位者谁敢复言?

——史料出处:《金史》卷八十六　列传第二十四　李石传

原文

平章政事完颜守道奏事,石神色不怿。世宗察之,谓石曰:"守道所奏,既非私事,卿当共议可否。在上位者所见有不可,顺而从之,在下位者所见虽当,则遽不从乎?岂可以与己相违而蓄怒哉。如此则下位者谁敢复言?"石对曰:"不敢。"上曰:"朕欲于京府节镇运司长佐三员内任文臣一员,尚未得人。"石奏曰:"资考未至,不敢拟。"上曰:"近观节度转运副使中才能者有之。海陵时,省令史不用进士,故少尹节度转运副使中乏人。大定以来,用进士,亦颇有人矣，节度转运副使中有廉能者具以名闻，朕将用之。朝官不历外任，无以见其才，外官不历随朝，无以进其才，中外更试，庶可得人。"他日，上复问曰："外任五品职事多阙，何也？"石对曰："资考少有及者。"上曰："苟有贤能，当不次用之。"对不称旨，上表乞骸骨，以太保致仕，进封广平郡王。十六年，薨。上辍朝临吊，哭之恸，赙钱万贯，官给葬事。少府监张仅言监护，亲王、宰相以下郊送，谥襄简。

经典导读

李石是金世宗时期有着重要影响的人物，曾官封广平郡王。金史传称，"世宗在位几三十年，尚书令凡四人……石以定策"，可知李石所发挥的中流砥柱之作用。据《金史》所载，海陵王完颜亮大肆诛杀金人宗室，意欲将他们斩尽杀绝，甚至指使其部下高存福伺察金世宗的动静而想要将其杀掉。李石根据当时的危险情境，遂"劝世宗先除存福，然后举事，世宗从之"。此事之后，金世宗即帝位，励精图治，开创盛世，被后世史家誉为"小尧舜"。李石以能定策而被世宗所倚重。可以说，金世宗所开创的金朝盛世，李石是有一定的功劳在其中的。尽管李石性格有时过于矛盾而使人难以测度，但从其所论朝廷大事可以知道，他仍然不失为一个有高见的政治家。

文意阐释

"在上位者所见有不可，顺而从之，在下位者所见虽当，则遽不从乎？"这是金世宗在看到李石对完颜守道所奏事宜面露不悦的情况下所说出的话。这句话的意思是说，身居上位的人如果其看法有不当之处的，下级往往逢迎顺从；而身居下位的人如果其看法有得当之处的，难道上级不应该虚心采纳吗？联系到金世宗说"岂可以与己相违而蓄怒哉"可知，李石的不高兴显然是因为他与完颜守道的政见不合。正是在这种意义上，金世宗的话里折射出一个优秀政治家的风范，强调要不以官阶高低来定夺彼此言论之是非。从古往今，因政见不和而引起政治纷争乃至于亡国的事，史不绝书。此时，如果君王不能择善而从定其是非，反而任其发展，势必会造成党锢之祸，贻害无穷。何况大家讨论的是国家大事，而非一己之私事，岂可因私废公？金世宗对李石说，如果在上位的人一切以己意为准，不能择善而从，甚至听到不同意见就心怀愤怒，那么下级还有谁敢言呢？这既是对李石的善意劝诫，当然也可视为是对其自身的一种提醒。

知识拓展

这句话对于当今的党员干部队伍建设有着借鉴和启示意义，对于正确处理上下级之间的关系，甚至同级之间的关系都极富教益。历史地看，中国共产党在党内实行的是民主集中制,其实质在于民主基础上的集中和集中指导下的民主的辩证统一。可是,一些党员干部在现实中以权力大小、地位高低为标尺,违背民主集中制的原则,大搞"一言堂",把上下级关系搞成依附关系,甚至组建山头、搞利益集团以进行利益交换。不仅听不进去他人的意见和建议,还把与他们意见不同的人视为对手,甚至是政敌,明面上一套,私下里却搞打击报复,真是目无党纪国法。在现实中,一些干部总是喜欢把个人凌驾于组织之上,既不能严格贯彻落实来自上级的正确意见,也不能认真听取和采纳来自下级的合理建议,视党的组织原则为空气,无规矩无纪律。此外,还有一些干部只知道一味地迎合上级胃口,吹喇叭、拍马屁、做文章,哪怕违背党的宗旨和原则也毫不顾忌,一门心思逢迎顺从。面对下级提出的正确看法和有益意见,反倒视为多事,认为是不团结不成熟,故意提反对意见,坚决不予理睬。这种危害是极其大的,严重污染了党内的政治生态。所谓"批评上级放礼炮,批评同级放哑炮,批评下级放空炮"就是对此现象的一种形象描述。可想而知,这样的上下级关系怎能真正发挥其正面价值呢?强化组织观念是共产党人的必修课,也是一个党员的基本政治素质。为了更好地保持党的团结统一,必须净化党内政治生态,避免山头主义和宗派主义的肆意妄为。因为从本质上而言,前者就是"党内有党",不仅可能在上情下达、方针执行上打折扣、搞对抗,甚至可能形成"门客、门宦、门附"的封建人身依附关系,在政治上形成一种抱团化、互相支持、互相提携的利益交换关系，从而使政治"潜规则"大行其道，导致党内自我净化、自我完善的功能退化。从另一个层面来看，批评与自我批评作为我党三大优良作风之一，是确保这个大党始终焕发生机活力的良药和武器，处理上下级关系一定要继承和发扬这种优良传统和作风。党的七大审议通过的《中国共产党章程》就明确提出，中国共产党应该用批评与自我批评的方法，经常检讨自己工作中的错误与缺点，来教育自己的党员和干部，并及时纠正自己的错误。进入新时代以来，我们党通过制定《关于新形势下党内政治生活的若干准则》，对如何合理有效地开展批评与自我批评提出了明确要求，如批评要出于公心、不武断，反对当面不说、背后乱说，等等，对于加强和规范党内政治生活意义重大。

在上位者所见有不可，顺而从之，在下位者所见虽当，则遽不从乎？岂可以与己相违而蓄怒哉。如此则下位者谁敢复言？

> 敬慎之心无时或怠。
>
> ——史料出处:《金史》卷八十三 列传第二十一 张汝霖传

原文

后因朝奏日论事上前,世宗谓曰:"朕观唐史,见太宗行事初甚厉精,晚年与群臣议多饰辞,朕不如是也。"又曰:"唐太宗,明天子也,晚年亦有过举。朕虽不能比迹圣帝明王,然常思始终如一。今虽年高,敬慎之心无时或怠。"汝霖对曰:"古人有言,'靡不有初,鲜克有终',有始有卒者,其惟圣人乎!魏徵所言守成难者,正谓此也。"上以为然。二十五年,章宗以原王判大兴府事,上命汝霖但涓视事日且加辅导。寻坐擅支东宫诸皇孙食料,夺官一阶。久之,迁尚书右丞。

经典导读

金世宗在金史上是一个非常重要的人物,也被视为是一位十分贤明的君主,在历史上有其突出的地位。他对臣下德、才的长短得失有非常准确清醒的认知,不仅能够善于知人、用人长处,更能通过儆诫使其弥补自身短处。张汝霖即是一个例子。金世宗既能看到唐太宗早期的励精图治,也能敏锐地觉察到唐太宗晚年不当之处,并以此自警而告诫自己将来一定要"不如是",以期达到"始终如一"的境界而不因年事增长有所颓废。古人说创业艰难,守成更难,唯有敬始慎终,才能开创更大的成就。魏徵在《谏太宗十思疏》中说"善始者实繁,克终者盖寡",就是看到了守成的艰难。以唐太宗之英明尚且不能晚年善终,更何况那些不如唐太宗的人呢!金世宗能开创"大定盛世",也是名副其实的!

文意阐释

"敬慎之心无时或怠",敬,指的是内敬其心,外敬其事。《礼记·曲礼》中讲"毋不敬",以及孔子说"敬事而信"(《论语·学而》)就是此意。慎,指的是慎其德,即《论语·为政》里面讲的"慎言其余……慎行其余",在言行方面小心谨慎。《说苑》中说,"存亡祸福,其要在身,圣人重诫,敬慎所忽",指的就是要在平日之中保持那种敬慎的态度,以便更好地面对和处理生活中的诸多事宜。无时,即没有一刻之意。怠,指的是怠慢、松懈、不恭敬。"无时或怠"指的是没有一刻懈怠。联系起来就可以知道,这句话说的是每时每刻都要抱有一种敬慎之心,而不敢有丝毫懈怠。这既传达出金世宗克己甚严的修养功夫,也凸显出他不把年事高作为借口的那种有进无已的进取精神。

知识拓展

强调敬慎对于广大党员干部的重要意义,并倡导广大党员努力做到敬慎,是我们党自成立以来都一直坚持的作风要求。毛泽东就曾明确地说过"务必使同志们继续地保持谦虚、谨慎、不骄、不躁的作风"(毛泽东《在中国共产党第七届中央委员会第二次全体会议上的报告》),从而跳出"其兴也勃焉,其亡也忽焉"历史周期率的支配。就历史而言,大凡每个朝代初兴之时,帝王将相往往能聚精会神齐心协力办成大事,但随着时日的不断推移和江山社稷的日渐稳固,人们的敬慎之心就会松懈,以至于最终出现黄炎培先生所说的人亡政息、政怠宦成的可悲结果。古今中外,这样的故事层出不穷。这从根本上而言,是因为缺少一种慎独、严格自律的精神。

党的十八大以来,中国共产党坚持全面从严治党,牢牢扎好制度的笼子,把权力关在笼子里,对党员、领导干部进行由上而下、内外结合的监督，力图实现全方位、无死角、全覆盖。这就给广大党员和干部提出了更高的要求。

自古以来，在从政的道路上因为没有心存敬慎而丢官罢爵、身死家亡的例子比比皆是，所以从来就不存在什么真正的铁帽子王、太平官。这其中的教训是深刻的，一个重要原因就是没有做到善始善终。

党的各级干部作为人民公仆一定要清楚明白一个道理，即自己手中的权力是人民赋予的，不是凭空出现的，所以必须要时刻牢记党和人民的嘱托，对党和人民的事业负责。无论身居高位还是处在基层，都要坚守一颗如履深渊如履薄冰的戒慎之心，上不愧道德天良，下不犯党纪国法。而这既需要每位领导干部从自己做起，严于律己，时刻自省自警，也要依托于党的各项规章制度，时刻自觉接受组织和人民的监督。

在这个时代，身为共产党员，需要敬慎党纪国法，无论面对什么事情，解决什么问题，都要牢牢确保自己手中的权力在法律的框架内行使。尤其是对于领导干部而言，在国法面前还要严守党纪，坚持"纪严于法，纪在法前"。在全面依法治国和全面从严治党的历史背景之下，《中国共产党廉洁自律准则》和《中国共产党纪律处分条例》出台，把党纪置于国法之前，就是对党员干部提出更高更严格的要求。唯有敬慎，才能堂堂正正地行使权力，认认真真地办理实事，干干净净地为民服务。唯有敬慎,才能做到临事不苟且,内心不起违法乱纪的念头,外面不被金钱、美色所诱惑,严格对自己的言行负责,充分发挥模范带头作用,不断为党和人民的事业作出切切实实的贡献。

勿谓小善为无益而弗为，小恶为无伤而弗去。

——史料出处:《金史》卷六十四 列传第二 后妃下

原文

上月或五朝六朝，而后愈加敬俭，见诸大长公主，礼如平时，惇睦九族，恩纪皆合。尤恶闻人过，谀佞之言无所得入。恕以容物，未尝见喜愠。然御下公平，虽至亲无所阿徇。尝诫诸侄曰："皇帝以我故，乃推恩外家，当尽忠图报。勿谓小善为无益而弗为，小恶为无伤而弗去。毋藉吾之贵，辄肆非违，以干国家常宪。"一日，妹并国夫人、嫂泾国夫人等侍侧，因谕之曰："尔家累素重，且非丰厚，宜节约财用，勿以吾为可恃。吾受天下之养，岂有所私积哉。况财用者，天下之财用也。吾终不能多取以富尔之私室。"家人有以玉盂进者，却之，且曰："贵异物而殚财用，非我所欲也。况我之赐予有度，今尔以此为献，何以自给。徒费汝财，我实无用，后勿复尔。"明昌元年，礼官议以五月奉上册宝，后弗许。上屡为之请，后曰："今世宗服未终，遽衣锦绣、佩珠玉，于礼何安？当俟服阕行之。"上谕有司曰："太后执意甚坚，其待来年。"明昌二年正月，崩于隆庆宫，年四十五。谥曰孝懿，祔葬裕陵。

经典导读

显宗孝懿皇后，即徒单夫人，显宗之妻，金章宗之母，是金史上颇有德行的一位皇后。据史书所载，显宗孝懿皇后"素谦谨"、"敬俭"、"惇睦九族，恩纪皆合"。金世宗不仅称赞她"容止合度，服饰得中"（《金史·列传第二·后妃下》），还告诫其余嫔妃要向其学习。尤为难能可贵的是，孝懿皇后虽贵为皇后，还能够清醒地认识到自己作为"外家"，即使处于权力中心，也不能胡作非为，而是要尽忠图报，节约财用，而不能假公济私，中饱私囊。她曾经告诫他的侄子们不可倚仗她的权势"以干国家常宪"，触犯国家法律；要严格从身边的小善、小恶处做起，勠力同心以报皇帝恩泽。对于其"崇宠"的家室地位，她比任何人都从内心感到畏惧和谨慎。因为从历史经验而言，如果不谨慎操持，必定会招致灾祸。史载后来

"家果以海陵事败",这只能说明她的后人没能牢记她的谆谆教诲,才招致这样的后果。

文意阐释

"勿谓小善为无益而弗为,小恶为无伤而弗去"很容易使人联想到刘备临终之际对其儿子的教诲:"勿以恶小而为之,勿以善小而不为"(《三国志·蜀书·先主传》)。两者意思一样,折射出的都是因小见大、见微知著的道理。小善指的当然并不就是那些轰轰烈烈的大事,小恶所指的也不是那些罄竹难书的大恶,两者所指的都是发生在身边极其微小的、一举手一投足的行为乃至于自己的一起心一动念。这些都是人们应该谨慎为之的。事实上,凡是善事,无有小大,为之即有益;凡是恶行,同样不分小大,为之即有伤。善恶的根本差别不在于外在的呈现,而在于其性质本身。当然,善小不为,恶小不改反映的是人们内心的不虔敬和不谨饬,也是一种侥幸心理在作祟,认识不到"风起于青萍之末"背后的深刻道理。《周易》中说的"履霜,坚冰至"(《周易·坤》),其义就在劝诫人们一定要心存远虑,要善于从事物显露出的微小兆头看到其日后发展的趋势,进而做到防患于未然,有备于将来;而不是鼠目寸光,只顾眼前蝇头微利而置大本大要于不顾。

知识拓展

"勿谓小善为无益而弗为,小恶为无伤而弗去",可以从孟子说的"非不能也，不为也"(《孟子·梁惠王上》)的角度来阐释，他所要表达的意思是，很多事情事实上不是不能为，而是人们不去为。既与大小无关，也与难易无关。"为之，则难者亦易矣；不为，则易者亦难矣"（彭端淑《为学一首示子侄》)。所以，小与大是相对的，善与恶却是绝对的。对于为政者而言，善恶之行并不总是表现在惊天动地的大事上，反而总是体现在现实生活的琐碎小事之中。从现实来看，一旦有小善而不为的心态，就势必会随之养成小恶而不改的习气，从而最终酿成大祸。小善不为，小恶不改，也势必会积小成大，危害整个社会风气，甚至损害社会和国家的利益，包括影响整个民族的未来和中国梦的实现。从这个意义上说，广大党员干部一定要有防微杜渐的警醒意识，时时、处处反思自己的言行，警惕出现"温水煮青蛙"的现象。古人说"千里之堤溃于蚁穴"，也说"合抱之木生于毫末"，就是看到了事物背后积小成大、积少成多的趋势。如果认识不到这一点，必然会因小失大、事与愿违。要"积小善为大善，善莫大焉"，就是要从"赠人玫瑰，手有余香"中感受善的力量，进而养成良好的社会风气，引领人们创造美好的生活。

从目前来看，中国特色社会主义现代化事业正处于发展的战略机遇期，处于这样的历史节点，我们顺利实现了全面建成小康社会的第一个百年奋斗目标，并乘势向着开启全面建设社会主义现代化国家新征程以及奋力实现第二个百年奋斗目标进军。在这爬坡迈坎的关键阶段，最考验党和人民的就是决心和耐心。作为新时代的党员干部，不能老是把"大字诀"挂在嘴边，放在心里，满脑子想的都是大的事业、大的构想，甚至想要做的都是大的决策、大的布局，反而对于发生在身边虽小但关键的事情不屑一顾。广大党员干部在站位高远、统筹大局的同时还要善于从小事做起，甘当垫脚石、螺丝钉，由小见大，以小为大。不然的话，就很可能造成小事一件不想干，大事一件没干成的可笑结局。因此，在锚定方向、大战略不变的前提下，必须要踏踏实实，有一个问题解决一个问题，一步一个脚印地往前迈进，遇到身边善事虽小而为之，恶事虽小而戒之，积小胜为大胜，以量变求质变，从而避免吃大亏、栽大跟头。

此外，就历史而言，外戚干政引起的政治纷争和危害所在皆是，孝懿皇后此番劝诫也是她对历史教训的洞察。对于当今的领导干部而言，如何避免滥用自己的权力为亲属谋私利、走后门，需要引起高度的重视。《中国共产党廉洁自律准则》第八章"对违反廉洁纪律行为的处分"明确规定不准"利用职权或者职务上的影响为他人谋取利益"，这既是对前人旧事的深刻镜鉴，也是从党的宗旨和历史使命方面作出的正确判断，需要广大党员干部牢牢记住，稳稳做到！

苟利国家，岂敢私邪。

——史料出处:《金史》卷七十七　列传第十五　挞懒传

原文

　　初，宋人既诛张邦昌，太宗诏诸将复求如邦昌者立之，或举折可求，挞懒力举刘豫。豫立为帝，号大齐。豫为帝数年，无尺寸功，遂废豫为蜀王。挞懒与右副元帅宗弼俱在河南，宋使王伦求河南、陕西地于挞懒。明年，挞懒朝京师，倡议以废齐旧地与宋，熙宗命群臣议，会东京留守宗隽来朝，与挞懒合力，宗干等争之不能得。宗隽曰："我以地与宋，宋必德我。"宗宪折之曰："我俘宋人父兄，怨非一日。若复资以土地，是助仇也，何德之有。勿与便。"挞懒弟勖亦以为不可。既退,挞懒责勖曰:"他人尚有从我者,汝乃异议乎。"勖曰:"苟利国家,岂敢私邪。"是时,太宗长子宗磐为宰相,位在宗干上,挞懒、宗隽附之,竟执议以河南、陕西地与宋。张通古为诏谕江南使。

经典导读

张邦昌作为伪楚皇帝被杀之后,金太宗想继续寻找一个能够和张邦昌一样用来作为傀儡控制的人。完颜挞懒认为刘豫十分合适,就力推他来担任伪齐政权的"大齐皇帝"。可惜刘豫并不如张邦昌那般能干。后来刘豫被废,导致他曾经的封地没有名义上的领主。这时南宋使臣出使金国,想要"求河南、陕西地于挞懒"。完颜挞懒就主张把齐地还给南宋王朝,却遭到了宗宪的反对,完颜挞懒的弟弟完颜勖也认为不可。正是在是否归还宋朝河南、陕西地的事情上,完颜勖说出了"苟利国家,岂敢私邪"的话。他认为把失地归还给宋朝并不会使宋人就此心存感恩之德,反而会不利于金朝。此地最终也没有归还宋朝。由此可见,完颜勖并不因为他是完颜挞懒的弟弟就因私废公,屈从于私人感情而置国家大事于不顾。相反,完颜勖能一切从国家利益出发,克除了私情的干扰。

文意阐释

"苟利国家,岂敢私邪"的真正含义在于正确地认识到并处理好公与私之间的微妙关系。在国家大事上,只要有利于国家就必须抛开个人的一己私念和一己私情,决不能因为个人的私念、私情而做出有违国家利益的事。孟子曾说"王何必曰利,亦有仁义而已矣"(《孟子·梁惠王上》),其本质与此相同。从历史上看,凡是真正有利于国家的都是从公的角度考虑的,在根本上是与一己之私相对立的。"岂敢私"就意味着不能把作为"私"的自己凌驾于作为"公"的国家之上,无论是出发点还是落脚点都要从国家的层面考虑。近代爱国英雄林则徐说"苟利国家生死以,岂因祸福避趋之"(林则徐《赴戍登程口占示家人》)也是对这种精神的延续和发展。进一步而知,生死祸福都可被视为是"私"的东西,都是在面对国家大义面前必须毫不犹豫地舍弃的。

知识拓展

所有共产党员都不得谋求任何私利和特权,不得默许亲属和身边的工作人员利用特殊身份谋取非法利益。尤其是一些领导干部,因为受自己的私念诱惑,做出了一系列违背国家利益的事情,这是必须坚决抵制和打击的。党的十八大以来,在反腐败高压的态势下,党中央处理了一大批违法违纪的官员,翻看他们的忏悔录会发现,他们堕入犯罪的深渊,自食其果,最主要的原因就是把公权变为了私权,在党纪国法面前,在党和人民面前,没有搞清楚自己手中的权力是姓"公"而不是姓"私",所以身居官位,被"私"字牵着鼻子走,做任何事情都要图享受、求回报、捞好处,拿权力和利益做交换,甚至不惜危害和损害国家的利益,最终锒铛入狱,悔不当初。

自古至今,"公私"二字都是衡量和检验为官者的不二法宝。对于新时代的党员干部而言,"公私"二字还是考验党性的重要尺度,只要是在公私方面打马虎眼、耍小手段的,最终必然难脱法律的制裁。

习近平总书记在十八届中央纪委三次全会上的讲话指出:"公款姓公,一分一厘都不能乱花;公权为民,一丝一毫都不能私用。"广大党员干部一定要严把公私关,严守公私关,禁止把公私混为一谈,甚至是在起心动念之时也要防微杜渐,千万不可有侥幸的心理。俗话说得好,针尖大的窟窿透过斗大的风,试问哪一个落马的官员不是因为一己私念把持不住,而一步步坠入腐败的深渊的?这样的案例比比皆是,但为何还有人重蹈覆辙呢?就是因为在面对公私问题时不讲原则、不讲规矩,只认权力和人情,导致不正之风在习以为常的态度中蔓延开来,最终私欲越来越大,导致理智丧失,天良泯灭。不仅自己和家人受到法律制裁,也严重败坏了社会风气。从另一个角度来看,在面对和解决国际重大事务时,也要坚决抵制那些以公谋私,出卖国家利益的恶劣行径。在面对国家利益原则的任何问题上,中国共产党都一贯地坚决拒绝以私废公,损公利私。广大领导干部心中一定要分得清公私，热爱自己的祖国和人民，坚决以身作则，维护好自己国家的利益，不得以任何借口做出损害国家利益的事。否则的话，等待他们的将是法律的严惩和铁窗生涯！

义岂知于归美,意专在于要君。

——史料出处:《金史》卷七十三 列传第十一 守贞传

原文

先是,上以疑忌诛郑王允蹈,后张汝弼妻高陀斡狱起,意又若在镐王允中。时右谏议大夫贾守谦上疏陈时事,思有以宽解上意。右拾遗路铎继之,言尤切直。帝不悦。守贞持其事,狱久不决。帝疑有党,乃出守贞知济南府事,仍命即辞,前举守贞者董师中、路铎等皆补外,上语宰臣曰:"守贞固有才力,至其读书,方之真儒则未也。然太邀权誉,以彼之才而能平心守正,朝廷岂可少离。今兹令出,盖思之熟矣。"俄以在政府日尝与近侍窃语宫掖事,而妄称奏下,上

201

命有司鞠问，守贞款伏，夺官一阶，解职。遣中使持诏责谕之曰："挟奸罔上，古有常刑，结援养交，臣之大戒。孰谓予相，乃蹈厥辜。尔本出勋门，浸登膴仕。朕初嗣位，亟欲用卿。未阅岁时，升为宰辅，每期纳诲，共致太平。盖求所长，不考其素，拔擢不为不峻，任用不为不专。曾报效之绰思，辄私权之自树，交通近侍，密问起居，窥测上心，预图趋向。繇患失之心重，故欺君之罪彰，指所无之事而妄以肆诬，实未始有言而谓之尝谏。义岂知于归美，意专在于要君。其饰诈之若然，岂为臣之当耳。复观弹奏，益见私情，求亲识之援而列布官中，纵罪废之余而出入门下。而又凡有官使，敛为己恩，谓皆涉于回邪，不宜任之中外。质之清议，固所不容，揆之乃心，乌得无愧。姑从轻典，庸示薄惩。"仍以守贞不公事，宣谕百官于尚书省。

经典导读

守贞，即完颜守贞，在金世宗、金章宗两朝皆有不俗的功绩。史载他"读书通法律，明习国朝故事"。到了金章宗一朝，因为礼乐刑政制度沿袭辽宋旧制，杂乱无章，守贞又奉命修正，"其仪式条约，多守贞裁订，故明昌之治，号称清明"（《金史·守贞传》）。可见守贞在治国方面的才能。金世宗就曾经称赞他"守贞功勋子，又有才能，全胜其兄守道，它日可用也"。后来,守贞因为在处理朝廷大事时拖延不决,引起了章宗的怀疑,随后便被外放为济南府事,说他太过于贪图名誉而不能将自己的才能平心守正地发挥出来。又因他凭借自己身份地位的方便,与侍卫之臣议论宫廷内事,被解去职位。章宗还特派使者拿着诏书予以责问,"义岂知于归美,意专在于要君"即出于诏书之中,揭露了守贞平日矫饰欺君的不当行为。

文意阐释

归美,即赏誉、赞美的意思,多用于褒义。如"昔汉祖以知人善任,克平宇宙。推述勋劳,归美三俊"(《晋书·郑冲传》)。再如,"由是四海归美,朝野推崇"(《宋书·武帝纪中》)。"要君",源出于《论语》:"臧武仲以防求为后于鲁,虽曰不要君,吾不信也"(《论语·宪问》)。朱熹在注释时说,"要,有挟而求也",即要挟之意,是说臧武仲要挟鲁公。"义岂知于归美,意专在于要君"意思是说,完颜守贞根本不知道什么才是最好的赏誉,自己的念头全在恃才要挟君王之上。这就是为何金章宗说守贞"揆之乃心,乌得无愧"的原因所在。在金章宗看来,有些朝廷大臣,明面一套,背里一套,就是想趁机钻空子,谋取自己的一己私利。

知识拓展

"义岂知于归美,意专在于要君",用现代的话来说,实际指的是那些"两面人"——当面一套、背地一套,嘴上一套、手上一套,用俗语来说就是见人说人话,见鬼说鬼话,既不知羞耻,也心有不轨。从古至今,历朝历代都不乏这样的人。这也不禁使人想到清代李汝珍在其所著小说《镜花缘》中描绘的那个奇怪的"两面国"。在这个国家,每个人都长着两张脸,遇到长袖绸衫之人和颜悦色、满面谦恭,令人感觉可亲可爱;遇到旧帽破衣之人则一张恶脸,青面獠牙,满脸横肉。虽然世界上没有这样的国家,但这样的"两面人"却到处都是,令人唾弃。应该说,没有人生来就是"两面人",也没有人遇到这样的人时不心生厌恶。俗话说得好,知人知面不知心。对于广大党员干部而言,因为他们手中权力和责任的缘故就尤其需要提防自己成为这样的"两面人"。党的各级领导干部一定要对党组织忠诚老实,做到襟怀坦荡、表里如一,做老实人、说老实话、办老实事,坚决反对搞两面派、做"两面人"。

党的十八大以来,党中央坚持对腐败零容忍,持续高压反腐,对腐败毒瘤重拳出击,雷厉风行,查处了不少违纪违规的领导干部,取得了丰硕的成果。在这些腐败分子的忏悔录中可以看到一个高频率出现的词,即"两面人"。他们身为党员干部,在政治上、工作中、生活中大搞表面一套背里一套,人前一套人后一套,把自己手中的权力当成了谋取一己私利的工具,表面上对外展现得恪尽职守、兢兢业业,内心里却毫无忌惮。党章规定,"党员要维护党的团结和统一,对党忠诚老实,言行一致,坚决反对一切派别组织和小集团活动,反对阳奉阴违的两面派行为和一切阴谋诡计"(《中国共产党章程》)。广大党员干部一定要自觉铸牢理想信念、锤炼坚强党性,克除两面性,清清白白为官,老老实实做人,既不做有悖于党纪国法的违法之事,也不做让人戳脊梁骨的恶劣行径。

但务修德，余何足虑。

——史料出处：《金史》卷七十四　列传第十二　宗京传

原文

十二年，兄德州防御使文谋反。上问皇太子、赵王允中及宰臣曰："京谋不轨，朕特免死，今复当缘坐，何如。"宰臣或言京图逆，今不除之，恐为后患。上曰："天下大器归于有德，海陵失道，朕乃得之。但务修德，余何足虑。"太子曰："诚如圣训。"乃遣使宣谕京，诏曰："卿兄文，旧封国公，不任职事，朕进封王爵，委以大藩。顷在大名，以赃得罪，止削左迁，不知恩幸，乃蓄怨心，谋不轨，罪及兄弟。朕念宋王，皆免缘坐。文之家产应没入者，尽与卿兄子咬住。卿宜悉此意。"

经典导读

宗京由宗室之子到谋反被诛，凸显了金代政权的一个特色。尽管金世宗对其谋反宽大处理，特设免死。但因为宗京之兄宗文的谋反，遂再次遭受连坐之刑。从事件的前因后果来看，宗京落得身首异处，其妻子负有不可推卸的责任。从宗京妻子"妄卜休咎"来看，实际上已经埋下了伏笔，导致最终落得个杀身之祸。至于其兄宗文，史书载其"以赃得罪，止削左迁，不知恩幸，乃蓄怨心，谋不轨，罪及兄弟"（《金史·卷十二·宗翰宗望传》），可谓确论，足见其乃是咎由自取。尽管如此，金世宗仍能从这件事情中反思自己，并说出"但务修德，余何足虑"的话，足以看出其修养的高深及胸襟的广大。金世宗执政近30年，人称"小尧舜"，也并非事出无因。

文意阐释

"但务修德，余何足虑"，指的是一个统治者应该全心地关注自己德性的修养和提升，而不是费尽心思地用到其他地方去。儒家经典《大学》中说"自天子至于庶人，壹是皆以修身为本"，就是要通过修身塑造德性，并将其贯彻于整个生命之中。重视和强调统治者德性的自我养成是我国古代政治长久以来的传统，尽管在其位的未必都是有很高修养的人。但是，只要能在平日待人处事之时严格修身，就能不断提升自己的德性，做出不俗的成就。金世宗有"小尧舜"之称，从这里也足以略知一二。"天下大器归于有德"，或者说唯有有德者才能统治天下，无疑给那些统治者治国理政指明了一个有效的路径：修德。只要抓住这个根本，就能实现国泰民安、政通人和的治理效果。

知识拓展

德的重要性无论对于一人，还是一国，都是不言而喻的。从古至今，关于修德的良言佳句也是不可胜数的。古人有"国无德不兴，人无德不立"的警句，党员干部一定要把加强道德修养作为十分重要的人生必修课，以严格标准加强自律，努力以道德的力量去赢得人心、赢得事业成就。从现实而言，党员干部作为国家治理的重要参与者，必须具备一定的道德修养。这既是对党员干部的基本要求，也是党员干部发扬作风、凝聚人心的重要路径。党员干部崇德向善，就能让党风正、政风清、民风淳，就能更好地带领广大人民群众共同投身于社会主义建设的巨大洪流之中，凝聚整个中国力量，早日实现中华民族伟大复兴的中国梦。

我们当前已经取得了脱贫攻坚战的全面胜利，实现了第一个百年奋斗目标，正在向第二个百年奋斗目标奋勇前进。在这个关键节点上，尤其需要上下一心，认识到德是为人之本和立国之基，让党员干部把立德、修德放在第一位，做到明大德、守公德、严私德，从而在实现中华民族伟大复兴的中国梦的伟大征程中作出自己应有的贡献。2014年5月,习近平总书记在河南考察时指出:"面对纷繁复杂的社会现实,党员干部特别是领导干部务必把加强道德修养作为十分重要的人生必修课,自觉从中华优秀传统文化中汲取营养,老老实实向人民群众学习,时时处处见贤思齐,以严格标准加强自律、接受他律,努力以道德的力量去赢得人心、赢得事业成就。各级党组织要加强对党员干部的教育、管理、监督,用好选人用人考德这根杠杆,引导党员干部堂堂正正做人、老老实实干事、清清白白为官"(《习近平在河南考察时强调 深化改革发挥优势创新思路统筹兼顾 确保经济持续健康发展社会和谐稳定》,新华网,2014年5月10日)。党的十八大以来,习近平总书记强调,领导干部要讲政德,提出了明大德、守公德、严私德的要求。这既是对中华优秀传统文化的继承,也是在新时代的背景下对中华优秀传统文化的进一步发展,每一位党员干部都要铭记在心,付诸实行。

养其威而用之,
畏可以教爱。
慎其法而行之,
耻可以立廉。

——史料出处:《金史》卷四十五 志第二十六 刑

原文

昔者先王因人之知畏而作刑,因人之知耻而作法。畏也、耻也,五性之良知,七情之大闲也。是故,刑以治已然,法以禁未然,畏以处小人,耻以遇君子。君子知耻,小人知畏,天下平矣!是故先王养其威而用之,畏可以教爱。慎其法而行之,耻可以立廉。爱以兴仁,廉以兴义,仁义兴,刑法不几于措乎?

经典导读

刑、法两者在古人的政治理念中居于重要的地位，尤其被法家视为是治理国家的两个重要原则。尽管儒家强调为政必须讲求仁义，但并不意味着儒家对刑、法置之不顾。孔子就说过"道之以政，齐之以刑，民免而无耻。道之以德，齐之以礼，有耻且格"（《论语·为政》）。很显然，对刑、法的强调必须首先认识到礼的重要性，可以说，礼是第一位，刑、法等而次之。过分依赖刑、法的作用，势必会导致司马谈所说的法家"严而少恩"（司马谈《论六家要旨》）的后果。因此，将刑、法托之于先王是根据人们"知畏而作刑，知耻而作法"的心思而制定的，乃是"可以行一时之计，而不可长用也"。这也是历来儒家批判法家的根本原因所在。历史上商鞅、韩非子的例子不是已经很能说明问题吗？更何况，刑治已然，法禁未然，两者并不足以使君子知耻，使小人知畏。孔子说的"免而无耻"就是此意。只有从历史经验中汲取教训，倡导德礼并用，严格控制刑、法，进而格除内心之非，才能知耻而有所为、有所不为。

文意阐释

"养其威而用之"，是说君王在现实的治国理政中必须树立并保持刑、法的威严，从而使那些小人因为心中有所畏惧而不敢胡作非为。

养其威而用之，畏可以教爱。慎其法而行之，耻可以立廉。

"畏可以教爱"则指的是通过刑、法的威严使得那些小人懂得爱惜自己的身体,免于受到刀斧之害。"慎其法而行之",是说现实中要慎重制法、用法,从而使君子时时处处存有不可受辱的念头,免遭人耻笑。

"耻可以立廉"指的是通过自己的自我约束,即"克己复礼"可以远耻辱,知道如何按道义行事,有节操不苟取。孔子说"知耻而后勇"(《中庸》),孟子说"顽夫廉"(《孟子·万章下》),其本义就是通过内在的道德激励,遵照仁义的要求,使君子知耻,小人知畏,以避免刑、法的外在制裁。

刑在古代的作用是惩治小人而不是君子,所以说刑不上大夫。法在古代的作用则体现在使君子知耻,但并不能使小人知耻,所以刑以治小人,不能治君子。两者各有所重,不可偏废。至于文中说的"爱以兴仁,廉以兴义,仁义兴,刑法不几于措乎",就明显从法家回归到儒家,强调了仁义相对于刑、法的根本性。

知识拓展

用现代话语来讲,刑、法不同于如今的政策、条令,它不仅具有普遍性和一般性,而且具有制度刚性。这种制度刚性使得任何触碰刑、法之人都必然会受到相应的制裁。只不过古人所说的刑多数指的是会对身体带来残害的惩治措施,在当今社会已经很少有古代的那种用刑情况。法在古今的含义则并未有很大的改变,但它的本意在古代还有防患于未然的倾向，所以有礼法的说法。

中国特色社会主义法律体系已经基本建立，处于不断完善和发展中。要树立法的权威就必须坚持法制建设，真正做到全面依法治国、在法治轨道上稳步推进国家治理体系和治理能力现代化。

习近平总书记指出，"依法治国，首先是依宪治国；依法执政，关键是依宪执政""党领导人民制定宪法和法律，党领导人民执行宪法和法律，党自身必须在宪法和法律范围内活动，真正做到党领导立法、保证执法、带头守法"。

法治兴则民族兴，法治强则国家强。当前，我国正处在实现中华民族伟大复兴的关键时期，改革发展稳定任务艰巨，改革开放也到了深入推进的阶段，这就尤其需要更好地发挥法治固根本、稳预期、利长远的作用。因此，我们党要切实履行好执政兴国的重大职责，必须依据党章从严治党、依据宪法治国理政，牢牢树立宪法和法律的威严，维护社会主义法制的统一和尊严，确保将人民所赋予的权力始终用来为人民谋幸福，使人们知廉耻、懂荣辱，有所为、有所不为。

养其威而用之，畏可以教爱。慎其法而行之，耻可以立廉。

古者进贤受上赏,进不肖有罚,其立定赏罚条格,庶使人不敢徇私也。

——史料出处:《金史》卷五十四　志第三十五　选举四

原文

内外官所荐人材,即依所举试之,委提刑司采访虚实,若果能称职,更加迁擢,如或碌碌,即送常调。古者进贤受上赏,进不肖有罚,其立定赏罚条格,庶使人不敢徇私也。"省臣议,随款各欲举人,则一人内所举不下五七人。自古知人为难,人材亦自难得,限数多则猥避责罚、务苟简,不副圣主求贤之意。拟以前项各款,随色能举一人,即充岁举之数。如此则不滥,而实材得矣。每岁贡人数,尚书省覆察相同,则置簿籍之,如有阙则当随材奏拟。

古者进贤受上赏，进不肖有罚，其立定赏罚条格，庶使人不敢徇私也。

经典导读

选举自古以来都在历朝历代的国家治理中占有重要的地位，其有稽可考的历史最早可以追溯到尧舜之时，即最为后世所称道的禅让制。随着时代的发展和社会的变迁，选举制度在后来也多有调整和更改，如隋唐的科举制度在一定程度上改善了封建统治，选举的核心职能在于通过一定的模式把贤能之人选出并将其置于合适的位置，发挥其最大的价值和功用。与此同时，选举制度中还有一个重要的路径，即举荐制。所举之人称之为贤良，不仅道德良善，而且还有特殊之才能。凡是推举出贤良之人的，都会受到奖赏。反之亦然。这也是为了确保人尽其能，从而避免徇私枉法的现象发生。古人说"内举不避亲，外举不避怨"（《尸子·仁意》），就是对这种制度的一种理想化的描述。

文意阐释

条格，即条文、法规之意。如"可依周汉旧典，有罪入赎，外详为条格，以时奏闻"（梁武帝《赎刑诏》）。又如，"夫以天官之贰，治夏卿之选，簿书繁重，条格纷委，苟非其人，则士之失职而无告者多矣"（苏轼《赐范百禄辞免恩命不允诏》）。庶，或许、希冀之意。全句的意思指的是，古人举荐贤能之人会受到最高的赏赐，举荐不肖之人就会受到惩罚，将这种赏罚制度以法规的方式确定下来，目的在于不使人徇私枉法。可见自古以来，古人已然认识到如何防范官制中徇私枉法的事情发生。通过不断完善相应的法规条文，以确保有法可依，惩恶扬善。

知识拓展

如何发现并选拔出那些有德行、有才能的人，是古人在治国理政时要考虑的首要问题。围绕着如何选拔举荐人才，形成了影响深远的选举制度。在考察任何一个制度时，不能轻率地以利弊来衡量，而是要以历史的观点将其置于当时当地的环境下进行评判。近代以来，我们在看待古代的一些制度时忽视了这种具体问题具体分析的方法论要求，简单地认为外国的一切都是好的，而中国旧有的一切都是不好的，要予以舍弃，而没有认识到自己的国家和民族以往数千年制度的真实意义和真实效用，这是需要适当批判和纠正的。古人谈及人才时说，"为政之要，唯在得人"（《贞观政要》），也知道"得百庸臣不如得一能臣，得一能臣不如得一尽心之臣"（《官箴》），形成了关于举贤任能的一套丰富理论，在历史上的佳话美事也比比皆是。

比如，西晋时期的儒将羊祜，德才兼备，对于司马氏一统天下居功至伟。他每次都在举荐完人才之后就把奏稿烧掉，以至于受举荐之人都不知道是谁举荐自己的。甚至在病危临终时，羊祜还念念不忘举荐贤才，将杜预推荐给晋武帝。晋武帝对羊祜说："举善荐贤，乃美事也。卿何荐人于朝，即自焚奏稿，不令人知耶？"羊祜回答说："拜官公朝，谢恩私门，臣所不取也"（《资治通鉴·晋纪》）。这凸显的正是"不敢徇私"的精神追求。而杜预也没有辜负羊祜的举荐和信任，为司马氏平定江南作出了突出的贡献。

面对党内选人用人制度中存在的不良现象，一定要敢于在大是大非面前亮剑，敢于同歪风邪气做坚决斗争，从而努力造就一支忠诚干净担当的高素质干部队伍，为实现党和国家事业发展提供坚强的人才支撑。

> 古者进贤受上赏，进不肖有罚，其立定赏罚条格，庶使人不敢徇私也。

不明赏罚,何以示劝勉也。

——史料出处:《金史》卷五十四　志第三十五　选举四

原文

十年,谓宰臣曰:"凡在官者,若不为随朝职任,便不能离常调。若以卿等所知任使恐有滞,如验入仕名项或廉等第用之亦可。若不称职,即与外除。"十一年,上谓宰臣曰:"随朝官多自计所历,一考谓当得某职,两考又当得某职,故但务因循而已。及被差遣,又多稽违。近除大理司直李宝为警巡使,而奏谢言'臣内历两考',意谓合得五品则除六品也。朕以此人干事,尝除监察御史,及为大理司直,未尝言情见一事,由是除长官,欲视其为政,故授是职。自今外路与内除者，察其为政公勤则升用，若但务苟简者，不必待任满即当依本等出之。不明赏罚，何以示劝勉也。"十二年，上谓宰臣曰："朕尝取尚书省百官行止观之，应任刺史知军者甚少，近独深州同知辞不习为可，故用之。即今居五品者皆再任当例降之人，故不可也。护卫中有考满者，若令出职，虑其年幼不闲政事，兼宿卫中如今日人材亦难得也。若勒留承应，累其资考，令至正五品可乎？"皆曰："善。"十六年，敕宰臣："选调拟注之际，须引外路求仕人，引至尚书省堂量材受职。"二十一年，谓宰臣曰："海陵时，与人本官太滥，今复太隘，令散官小者奏之。"二十四年，以旧资考太滞，命各减一任，临时量人材、辛苦、资历、年甲，以次奏禀。

经典导读

如何有效地对不同官阶的官员进行考核，并在设定具体考核的内容、标准、机制和结果等基础上形成一套完整的制度，是任何一个朝代都必须严肃对待的事情。古人称之为"考课法"，简言之，即对官吏政绩考核的制度，根据考核的结果决定官员的升降和赏罚。一般来说分为常课和大课，常课每年都考核，大课则三年一考，具体而言，每个朝代都各有不同。金朝作为少数民族建立的政权，于金章宗泰和四年（1204）定考课令，参照唐代官员考核指标"四善二十七最"制定，由尚书省吏部郎中、员外郎职掌。（据《唐六典·吏部》：四善指的是德义有闻、清慎明著、公平可称、恪勤匪懈。二十七最则更为详细，是根据不同官署的要求而设立的最优标准，如"二曰铨衡人物，擢尽才良，为选司之最"，等等。）

文意阐释

"不明赏罚，何以示劝勉也"，主要是针对官员的考核制度而言的，意思是要通过严明赏罚以劝导和勉励官员。虽然这里直接针对的是大理司直李宝，但实际上是有普遍意义的。章宗说，"察其为政公勤则升用，若但务苟简者，不必待任满即当依本等出之"，就是说，在官员的升迁和罢黜方面，一定要细心考察其是否勤政为公，如果是，就提拔。倘若只是为了程序上的简便，就无须等到任期满了之后再进行调度。因为赏罚明晰，就是为了彰显劝勉，岂能流于外在形式？

知识拓展

赏罚的重要性和必要性在古代是毋庸多言的，离开赏罚就无法正确地选拔、任用和考核官员，进而也就无法整顿吏治、引导社会风气。而关于这方面的论述，上自皇帝下至文人士大夫，都有不少的文献材料可考。如西汉之际的魏相就说过，"赏罚所以劝善禁恶，政之本也"（《汉书·韩延寿传》）。把赏罚视为为政的根本所在。晋代的傅玄也说过，"治国有二柄，一曰赏，二曰罚。赏者，政之大德也；罚者，政之大威也"(《傅子·治体》)。可见,赏罚在治国层面也有着不容忽视的重要作用,赏凸显的是积极方面的效用,罚凸显的是消极方面的效用,两者不可偏废,辩证统一。因此,唐太宗直白地道出"国家大事,惟赏与罚"(《贞观政要·封建》)。就史料来看,赏罚的内容严格来说指的是有功则赏,有过则罚,赏罚要严明、得当。从反面来说,就是要"无功不赏,无罪不罚"(《荀子·王制》),绝对不能赏罚模糊,赏罚无度。北齐时的大臣杜弼曾说"天下大务,莫过赏罚二论。赏一人使天下人喜,罚一人使天下人服。但能二事得中,自然尽美"(《北齐书·杜弼传》)。由此可知,赏罚虽有时是对一人而言,但作为制度的话,还象征着公平公正的原则。这些宝贵的思想即使在当今看来,也有着深刻的镜鉴和启示意义。

我们党历来就十分重视对党政干部进行教育、培训、选拔和考核。干部考核是坚持和加强党的全面领导、推动党中央决策部署贯彻落实的重要举措,是激励干部担当作为、促进事业发展的重要抓手。不断完善党的干部考核评价机制,努力建设一支理想信念坚定、为人民服务、勤政务实、敢于担当、清正廉洁的高素质党政领导干部队伍,对于社会主义现代化建设意义重大。《党政领导干部考核工作条例》(以下简称《条例》)的颁布实施,对于推动解决干部队伍和干部考核工作存在的突出问题等十分重要。《条例》中对考核方式、考核原则、考核内容、考核结果及其运用给出了详细的规定,足可见《条例》的系统性、整体性。此外,中共中央组织部还印发了《关于改进推动高质量发展的政绩考核的通知》，指出要充分发挥政绩考核的指挥棒作用，推动形成能者上、优者奖、庸者下、劣者汰的正确导向，引导各级领导干部牢固树立正确的政绩观，力求简便高效、力戒形式主义，把考准考实领导干部政绩与加强领导班子和领导干部日常管理、推进落实高质量发展工作任务更好结合起来。

今乡里中耆老有能教导者，或谓事不在己而不问，或非其职而人不从。可依汉制置乡老，选廉洁正直可为师范者，使教导之。

——史料出处：《金史》卷八十八　列传第二十六

原文

世宗罢采访官，谓宰臣曰："官吏之善恶，何由知之？"良弼对曰："臣等当为陛下访察之。"以进《睿宗实录》，赐通犀带、重彩二十端。是年，有事南郊，良弼为大礼使。自收国以来，未尝讲行是礼，历代典故又多不同，良弼讨论损益，各合其宜，人服其能。上与良弼、守道论猛安谋克官多年幼，不习教训，无长幼之礼。曩时乡里老者辄教导之。今乡里中耆老有能教导者，或谓事不在己而不问，或非其职而人不从。可依汉制置乡老，选廉洁正直可为师范者，使教导之。良弼奏曰:"圣虑及此,亿兆之福也。"他日,上问曰:"朕观前史,有在下位而存心国家,直言为民者。今无其人,何也?"良弼曰:"今岂无其人哉。盖以直道而行,反被谤毁,祸及其身,是以不为也。"

经典导读

采访官是古代帝王用来察访各级官员善恶的官职,对于君王褒扬善吏、惩治恶吏有着重要的参照作用。金世宗罢去采访官,而依赖良弼个人的察访,不免有不当之处。在谈到女真族猛安谋克制度的弊端,在于官员年幼,不知长幼之礼,也缘自无乡里老者的教导之时,良弼论及乡里存在的诸种问题,不在于没有耆老,而在于人们要么认为事不关己,不愿掺和;要么认为不是自己的职责,无法担任。于是,他劝谏金世宗说,可以仿照汉朝的官制设置乡老一职,选取那些廉洁正直、可以作为榜样的乡老教育那些猛安谋克的官员。这种制度对于乡里的稳定和良好风俗的形成有着重要的作用。

文意阐释

在古代,六十曰耆,七十曰老,耆老指的是年龄在六七十岁的老人,也指称那些德行高尚、受人尊敬的老人,他们没有在朝中担任一定的官职。"能教导"的意思指的是让这些老人教导那些猛安谋克官员基本的道德礼义,使上下有序,民风淳朴。历史地看，乡老属于《周礼》中的官职，其职能在于管理六乡教化。也有一种说法，认为乡老是退休还乡的高阶官员。无论哪种说法，都承认乡老自古以来在基层社会的有序治理中所占据的不可取代的重要地位。从历史可知，选择那些廉洁正直的德高望重的乡老，对于乡里良好风气的形成和社会秩序的稳定有着很大的促进作用。

知识拓展

乡老作为渊源流长的古代官制的一种，早在《周礼》中就有详细的记载，虽然地位看起来并不尊贵，但是对基层社会的稳定和乡里良好风气的形成意义重大。虽然这种制度已经随着封建社会的灭亡而消失，但乡老的精神仍然可以发挥其应有的价值和作用。历史地看，乡老一般是由乡里那些德高望重的老人担任，依仗他们的生存经验和生活智慧，使其在处理村民一般事务纠纷时能够起到有效的引导和调解作用，从而避免事态的扩大和加剧。这种制度适度地削弱了来自官方行政力量的参与和干扰，而是把解决和处理的方法交给了一定地域之内的乡老，通过他们高质高效地实现地域内的自治。正是如此，乡老制度自西周以来直至清末民初都在地方治理方面发挥着不可替代的作用。进入新时代以来，我们党提出要推进国家治理体系和治理能力现代化，其中基层治理更是占有重要的位置。

在当今的社会背景下，那些离退休老党员、老干部就完全可以成为新时代的"乡老"，他们作为党和国家的宝贵财富，

> 今乡里中耆老有能教导者，或谓事不在己而不问，或非其职而人不从。可依汉制置乡老，选廉洁正直可为师范者，使教导之。

不仅政治觉悟高、党性强，而且资历深、阅历广、经验足，能够发挥经验优势，同时，还有着威望高、影响力广、能服众的威望优势，可以充分发挥带头作用，贡献自己的余热，从而为基层治理注入强劲的支持力量。从另一个层面来看，"乡老"制度与"枫桥经验"很相近，都强调发动和依靠群众，坚持矛盾不上交，就地解决。早在20世纪60年代，"枫桥经验"就得到了毛泽东同志的亲笔批示，要求"各地仿效，经过试点，推广去做"。新时代"枫桥经验"主要内容就是在开展基层社会治理中实行"五个坚持"：坚持党建引领，坚持人民主体，坚持自治、法治、德治"三治融合"，坚持"四防并举"，坚持共建共享，为新形势下创新基层治理开辟了新的道路。

> 九思所守清约,然急于进取,一切以功利为务,率意任情不恤百姓。

——史料出处:《金史》卷九十 列传第二十八 张九思传

原文

　　九思所守清约,然急于进取,一切以功利为务,率意任情不恤百姓。诏检括官田,凡地名疑似者,如皇后店、太子庄、燕乐城之类,不问民田契验,一切籍之,复有邻接官地冒占幸免者。世宗闻其如是,召还戒之曰:"如辽时支拨地土,及国初元帅府拘刷民间指射租田,近岁冒为己业,此类当拘籍之。其余民田,一旦夺之则百姓失业,朕意岂如此也。"转御史中丞。九思言屯田猛安人为盗征偿,家贫辄卖所种屯地。凡家贫不能征偿者,止令事主以其地招佃,收其租入，估贾与征偿相当，即以其地还之。临洮尹完颜让亦论屯田贫人征偿卖田，乞用九思议，诏从之。

经典解读

张九思最早跟随刘仲延在泗州接受宋国岁贡。刘仲延之前的官员因为岁贡的物品不精而斥责宋国使者。于是宋国使者私下送银两给他们，以求无事。张九思却不接受，刘仲延也随之不受，表现了不俗的品质。但在检录官田之事上，却又显得较为鲁莽。遇到一些叫作诸如皇后店、太子庄等名称的地方，因为较为特殊的缘故，不问它们是否属于民田，一切收归官有。金世宗听闻之后召其回朝并劝诫其不可官私之田不分，一概予以收没，致使百姓失业，无所依归。后来因为其子"冒填诏敕"，伪造圣旨，九思因恐惧染疾而死。金世宗说他"执强自用"，最终自食其果。

文意阐释

清约，指的是政事清明省约，用来形容为官者的治理才干。语出《后汉书·张敏传》："（敏）清约不烦，用刑平正。""然急于进取……"一句话，指的是急于做出成效，贪图冒进，一切以功利为衡量的标准，率性任情，而不体恤和顾及百姓们的感受。事实上，为官有进取精神是好的，但进取也要稳步推进，兼顾到进取的初心和目标。否则，就会造成事与愿违的结果，即好心办坏事。对于一人而言是如此，对于执政者尤其要如此，因为他们的不当举措会影响更多的民众，引起更大的连锁效应。

知识拓展

急于进取，率意任情，一切以功利为出发点而不顾及由此带来的不良后果，在历史上不乏这样的官吏，也不乏这样的事情。如引起后人争议不断的王安石变法，就是因为在推行变法新政时急于求成，只是一味地要求各地强制落实政策，引起了朝中和地方官吏乃至百姓的大范围抵制。另外，由于新政超出了社会的承受能力，老百姓也难以承受，加之王安石个性倔强，人称拗相公，率意任情，又用人不当，导致政策落地时违背了初衷，使得民不聊生，最终变法失败。历史地看，王安石变法给世人带来的反思是深刻的，这使得人们必须严肃思考制定政策的初心和目标，尤其是要考虑落实过程中所依赖的具体路径和措施，这对于当今时代有着重要的启示作用。

党的一切工作都必须切实围绕人民群众展开，不能贪功冒进，也不能不体恤百姓之情。不能忽略百姓的真实需求和正当利益。面对目标任务之时，最好还是要多一些久久为功的定力，少一些急于求成的浮躁。不能简单以GDP论英雄，其本质就是杜绝一切唯利是图，必须真正顾及百姓的根本利益。让群众看到实实在在的成效，有利于百姓的事再小也要做，危害百姓的事再小也要除。要整改那些不良作风，以严格的标准、措施和纪律为百姓谋福利。当然，我们还要发现并及时处理那些空喊口号、消极怠工的现象，揭发那些打着为民服务的旗号，坑害人民、侵害国家和人民利益的贪腐行为，并坚决予以惩处。

今凡赏功罚罪，皆具事状颁告之，使君子知劝以迁善，小人知惧以自警。

——史料出处：《金史》卷八十九 列传第二十七

原文

世宗敕有司东宫凉楼增建殿位，浩谏曰："皇太子义兼臣子，若所居与至尊宫室相侔，恐制度未宜，固宜示以俭德。"上曰："善。"遂罢其役，因谓太子曰："朕思汉文纯俭，心常慕之，汝亦可以为则也。"未几，皇太子生日，上宴群臣于东宫，以大玉杓、黄金五百两赐丞相志宁，顾谓群臣曰："卿等能立功，朕亦褒赏如此。"又曰："参政孟浩公正敢言，自中丞为执政。卿等能如是，朕亦不次用之。"世宗尝曰："女直本尚纯朴，今之风俗，日薄一日，朕甚悯焉。"

浩对曰:"臣四十年前在会宁,当时风俗与今日不同,诚如圣训。"上曰:"卿旧人,固知之。"上谓宰臣曰:"宋前废帝呼其叔湘东王为'猪王',食之以牢,纳之泥中,以为戏笑。书于史策,所以劝善而惩恶也。海陵以近习掌记注,记注不明,当时行事,实录不载,众人共知之者求访书之。"浩对曰:"良史直笔,君举必书。帝王不自观史,记注之臣乃得尽其直笔。"浩复奏曰:"历古以来,不明赏罚而能治者,未之闻也。国家赏善罚恶,盖亦多矣,而天下莫能知。乞自今凡赏功罚罪,皆具事状颁告之,使君子知劝以迁善,小人知惧以自警。"从之。进尚书右丞,兼太子少傅。罢为真定尹,上曰:"卿年虽老,精神不衰,善治军民,毋遽言退。"以通犀带赐之。十三年,薨。

经典解读

金世宗想为东宫太子建立新的宫殿,被孟浩劝谏罢止。孟浩认为太子兼有人臣之义,不应当与作为至尊的皇帝规制相同,要示以俭德。于是金世宗便作罢新建宫殿之意,并告诫太子要效法汉文帝的淳朴节俭,群臣也要向孟浩学习,他公正敢言。进而金世宗谈及女真风俗的今昔不同,以及帝王起居应该如实记录,指出史书俱在,乃是为了劝善惩恶,不可轻忽。孟浩就劝谏金世宗说,之所以皇帝的起居要如实记述于书册,并让帝王知晓,是想让帝王多做善举而惩治恶行。赏罚不明而妄图治好国家,这是闻所未闻的。历史上明载赏善罚恶的事也很多,却不为人知,这种现象是应该改变一下的。

文意阐释

在古人看来,赏罚明确、得当对于一个国家的有效治理有着重要的意义。从古至今,赏罚不明却能实现良好治理的事情从未有过。对于作为历史大国的中国而言,奖赏善人善事,惩治恶人恶事,古往今来有很多记述,却并未为天下人所知。孟浩所说的"自今凡赏功罚罪,皆具事状颁告之,使君子知劝以迁善,小人知惧以自警"。意思是说从今以后,凡是奖赏功勋、惩罚罪愆的事情都要将其详细写出张榜告示天下,而不能再像以前一样不为人所知,一则能够劝勉君子不断行善,再者也使小人心生恐惧并有所警示。其本质是希望能以上化下,积极引导社会风气。

知识拓展

赏善罚恶无论对于过去还是对于当今的国家治理都有着重要的借鉴和启示意义。中国古人关于赏善惩恶的格言名句和历史事迹数不胜数,文献俱在,皆可勘验。一言以蔽之,"历古以来,不明赏罚而能治者,未之闻也",可见赏罚对于治国理政的重要意义。但事实上,"国家赏善罚恶,盖亦多矣,而天下莫能知",很多时候国家的赏善罚恶并没有广为天下所知,因而也就失去了化民成俗的积极功效,导致百姓既不知作善有赏，作恶有罚，更不知道什么才是真正的善，什么是真正的恶。因此，对于善恶的赏罚一定要公开透明，就如管子所说的，"明赏不费，明刑不暴，赏罚明则德之至者也，故先王贵明"（《管子·枢言》）。这就是说一定要将赏罚明示，赏罚明示本身就是一种至德。

中国共产党以马克思主义为指导，向来追求公开透明，就像《共产党宣言》中旗帜鲜明地公开宣布的那样，"共产党人不屑于隐瞒自己的观点和意图。他们公开宣布，他们的目的只有用暴力推翻全部现存的社会制度才能达到"。从创立之日起，中国共产党就把为中国人民谋幸福、为中华民族谋复兴写在自己的旗帜上。一百多年以来，中国共产党始终在每一个历史阶段都公开地阐明党所面临的主要任务和主张。毛泽东同志曾说，共产党人"不怕自我批评，有缺点就公开讲出是缺点，有错误就公开讲出是错误，一经纠正之后，缺点就再不是缺点，错误也就变成正确了"（毛泽东《在延安大学开学典礼上的讲话》）。对于广大党员干部而言，赏善罚恶不仅意味着要在官员任免和政绩方面要严格按照党纪国法操办，坚决杜绝任何不按规章办事的行为出现，还意味着要对善恶进行赏罚的同时将其公之于众，展现共产党人的宗旨和决心。对于有能力、有政绩的干部要大力表彰、提拔；对于那些尸位素餐、混吃混喝的干部则一律严加惩处，在党内外树立标尺，从而使那些愿意干事、敢于办事的上来，不愿办事、贪图享受的下去，该惩罚的惩罚，该提拔的提拔。同时，一定要通过树立先进的党员模范和反面的典型两种方式，大力开展警示教育，使广大党员干部受警醒、明底线、知敬畏、存戒惧。对于党员干部一定要奖惩并举，赏罚分明，树立正确的用人导向。只有奖罚分明，才能令行禁止，知所进退，保证政策能够得到有效实施，激励党员干部勇于担当作为！

今凡赏功罚罪，皆具事状颁告之，使君子知劝以迁善，小人知惧以自警。

方今宜崇节俭,不急之务、无名之费,可俱罢去。

——史料出处:《金史》卷九十五　列传第三十三

原文

章宗即位,初置九路提刑司,选为南京路提刑使。以治最,迁御史中丞。会北边屡有警,上命枢密使夹谷清臣发兵击之。万公言:"劳民非便。"诏百官议于尚书省,遂罢兵。寻为彰国军节度使。明昌二年,知大兴府事,拜参知政事。逾年,以母老乞就养,诏不许,赐告省亲。还,上问山东、河北粟贵贱,今春苗稼,万公具以实对。上谓宰臣曰:"随处虽得雨,尚未沾足,奈何?"万公进曰:"自陛下即位以来,兴利除害,凡益国便民之事,圣心孜孜,无不举行。至于旱灾,皆由臣等,若依汉典故,皆当免官。"上曰:"卿等何罪,殆朕所行有不逮者。"对曰:"天道虽远,实与人事相通,唯圣人言行可以动天地。昔成汤引六事自责,周宣遇灾而惧,侧身修行,莫不修饬人事。方今宜崇节俭,不急之务、无名之费,可俱罢去。"上曰:"灾异不可专言天道,盖必先尽人事耳,故孟子谓王无罪岁。"左丞完颜守贞曰:"陛下引咎自责,社稷之福也。"上由是以万公所言下诏罪己。进士李邦乂者上封事,因论世俗侈靡,讥涉先朝,有司议言者罪,上谓宰臣曰:"昔唐张玄素以桀、纣比文皇。今若方我为桀、纣,亦不之罪。至于世宗功德,岂容讥毁。"顾问万公曰:"卿谓何如?"万公曰:"讥斥先朝,固当治罪,然旧无此法。今宜定立,使人知之。"乃命免邦乂罪,惟殿三举。其奏对详敏,多类此。

经典导读

金章宗是金朝诸帝中汉化程度最深的一位君主,影响很远。他不仅下诏全国州县修建孔庙,而且还编成《大金仪礼》、《泰和律》,完善了金朝的科举制度,史载"(金)世宗章宗之世,儒风大变,学校日盛。士人由科举而位列宰相者甚多"(《金史·文艺传》)。历史也给予其很高的评价,"章宗在位二十年,承世宗治平日久,宇内小康,乃正礼乐,修刑法,定官制，典章文物粲然成一代治规"(《金史·章宗纪》)。这从金章宗与张万公的对话中也能窥见一二。张万公劝谏章宗的话，是儒家一以贯之的主张和传统，渊源有自。此时旱灾严重，张万公认为应该依照汉代典故，罢免自己的官职，并进而说天道和人事相通，天降之灾，必然可以从人事上修饬以化解。金章宗说灾异不能只从天道上言，必须首先要克尽人事才行，因此下诏罪己，赢得了人们的称颂。这与春秋之际郑国子产所说的"天道远，人道迩"(《左传·昭公十八年》)，所表达的都是要从切近的人事做起，而不能专言天道的意思。

文意阐释

"方今宜崇节俭，不急之务、无名之费，可俱罢去"，就其本意而言说的是节俭之义，但实际上还包含着对"不急之务、无名之费"的戒除。方今，即现如今的意思。"不急之务"，指的是当时开筑壕堑而征用劳役的事，御史台曾谏言"所开旋为风沙所平，无益于御侮，而徒劳民"，所指即是此。"无名之费"指的是当时为了给养军队而向百姓横征的财税。此句大意指的是，现在应该推尚节俭，不是着急要办的事务，不需要的费用都可以罢去不用。它体现了张万公对历来政治教训的深刻体察和借鉴。古人说"历览前贤国与家，成由勤俭破由奢"(李商隐《咏史》)，的确道出了传统为政思想的一个重要的方面。

汉代初年文景二帝大兴勤俭之风，遂有汉武之隆盛；而隋炀帝骄奢淫逸，终于导致覆国之灾。历史上的例子举不胜举，是值得人们深刻反思的。

知识拓展

毛主席曾指出，勤俭节约和反对浪费是我们党的一贯方针和优良传统，什么时候都不能改变。勤俭节约精神是我们党的的"传家宝"，是我们党能取得历史性成就的重要保证，俗语说勤俭持家，对于一家如此，对于一国尤其如此，这既是一种传承已久的中华美德，也是广大党员干部应该恪守的工作和生活准则。用通俗的话来说，就是要勒紧裤腰带，过紧日子。中国共产党从革命到建设的进程中，始终恪守艰苦朴素的作风，上至共产党的领袖，下至普通的战士，一直在思想上和实践上严格要求自身，克服了一个又一个私念，锻造了纯洁的党性。当年，美国作家埃德加·斯诺去延安采访，看到共产党人自上而下都住窑洞、穿补丁衣服，惊叹之余将其称之为"东方魔力"，认定其为古老中国的"兴国之光"，给出了共产党"为什么能"和"如何能"的答案。新中国成立以后，毛主席也不忘俭朴，一件睡衣穿了20年，上面有73个补丁，令人肃然起敬。早在革命年代，毛泽东就明确指出，"财政的支出，应该根据节省的方针"，"节省每一个铜板为着战争和革命事业，为着我们的经济建设"（毛泽东《我们的经济政策》）。新中国成立后，毛泽东仍然倡导勤俭节约，还把节约视为"社会主义经济的基本原则之一"。在当时举国困难的情况下，仍然举全国之力搞教育、搞国防，就是要把好钢用在刀刃上，把该投入的资金和资源用在支持国计民生的事业上，从而让有限的人力、物力、财力产生出最大的国家效益、社会效益和民生效益。凡是那些不急之务、可有可无的一概予以减撤。党的十八大以来，我们党继续保持艰苦奋斗、勤俭节约的优良作风，加强自身修养、强化党纪党风，颁布实施了《中国共产党纪律处分条例》（以下简称《条例》），并对"浪费国家资财"、"追求低级趣味"等给出了明确的规定，对党员的勤俭节约、崇廉拒腐也划出了行为底线。另外，《条例》中还明确规定，"搞劳民伤财的'形象工程'、'政绩工程'的，从重或者加重处分"。这就意味着要厉行节俭之风，杜绝铺张浪费，把钱花在为国家和人民办实事上，而不是把钱花在不急之务、不必要的事情上。

孝弟敬慎,则为君子。
暴戾隐贼,则为小人。
自今以往,毋狃于故习,
国有明罚,吾不得私也。

——史料出处:《金史》卷一百二十八 列传第六十六 循吏

原文

刘焕,字德文,中山人。宋末起兵,城中久乏食,焕尚幼,煮糠核而食之,自饮其清者,以醲厚者供其母,乡里异之。稍长就学,天寒拥粪火读书不息。登天德元年进士。调任丘尉。县令贪污,焕每规正之,秩满,令持杯酒谢曰:"尉廉慎,使我获考。"调中都市令。枢密使仆散忽土家有绦结工,牟利于市,不肯从市籍役,焕系之。忽土召焕,焕不往,暴工罪而笞之。焕初除市令,过谢乡人吏部侍郎石琚,琚不悦曰:"京师浩穰,不与外郡同,弃简就烦,吾所不晓也。"至是，始重之。以廉升京兆推官，再迁北京警巡使。捕二恶少杖于庭中，戒之曰："孝弟敬慎，则为君子。暴戾隐贼，则为小人。自今以往，毋狃于故习，国有明罚，吾不得私也。"自是，众皆畏惮，毋敢犯者。召为监察御使，父老数百人或卧车下，或挽其靴镫，曰："我欲复留使君期年，不可得也。"

经典导读

刘焕，是北宋末人，自幼便表现出与众不同的一面。宋末兵荒马乱，中山城内缺少食物，家人煮糟糠为食，刘焕只喝上面的清水而把厚汁留给其母亲，乡里人都称奇不已。长大就学，在冬天里烤着粪火不停读书。后来还考中进士，因为廉洁被任命为京兆推官，又改为北京警巡使。其间，逮捕了两个恶少并加以杖责，教训他们要孝悌敬慎，不可为非作歹，从今往后改掉自己身上的坏习惯。从此以后，无人敢犯。在被征诏为监察御史时，百姓数百人拦住去路不让刘焕离开，可见其声名之好。刘焕此后又有多次官职调动，所到之处一概守职奉法，为百姓所爱戴。

文意阐释

孝，即孝养父母；弟，通悌，指的是敬事兄长。有子说："孝悌也者，其为人之本欤"（《论语·学而》）。孝弟是儒家推崇的八德之一，也是为人的根本所在。敬慎，指的是恭敬谨慎，语出《诗经·大雅·抑》："敬慎威仪，维民之则。"引申为君子要恭敬谨慎，作为百姓的榜样。由此可知，孝悌敬慎自古即被儒家视为重要的道德准则。孔子告诫其弟子说要"入则孝，出则悌"（《论语·学而》），唯有敬上尊长，慎言慎行，才可以称得上是君子。反之，暴戾隐贼，就必然是小人。隐贼，即阴险狠毒之意，出自《史记》："昔帝鸿氏有不才子，掩义隐贼，好行凶慝，天下谓之浑沌"（《史记·五帝本纪》）。狃，有习以为常、因袭的意思。狃于故习，即惯于既往为非作歹的习性不改。国有明罚，吾不得私也，表明了刘焕正直守法，扬善除恶而不曲循私意的优秀品质。刘焕此话的意思是告诫那些恶少要为善去恶，不可怙恶不悛。否则，国有国法，作恶是必须要依法惩治的。

知识拓展

君子和小人之间的区分，自古以来就被视为是一个极富教育意义的话题，而关于君子和小人的名言佳句，也数不胜数。历史地看，古人在区分君子与小人之时，最初是以阶级划分的，反映的是各自不同的社会地位，随着时代的发展则换之以伦理道德作为判断的标准，也就是人们通常所说的"五伦八德"（五伦指的是君臣有义、父子有亲、夫妇有别、长幼有序、朋友有信；八德指的是孝、悌、忠、信、礼、义、廉、耻）。只要言行能与此五伦八德相契合，便可视为君子，反之则是小人。在儒家看来，这些德行是人之所以为人的根本所在，是任何时候都不得违背的。当然，从现实情况来看，君子与小人在形貌上常易混淆、不易区分，唯有在一点存心处，则善恶判然有别，就像黑白之分一样。刘焕叮嘱那些恶少要明辨君子与小人，不可怙恶不悛，实际即是告诉他们为人的道理。不过正如俗语所说的，"君子乐得做君子，小人枉自做小人"（《增广贤文》），这世上仍然有人甘于做小人而旧习不改，也是无可奈何的事。但是，无论是君子还是小人，只要违反了国家律法，就必须依法惩处。

中国共产党自建党之初，就是一个有着伟大品格的党，在长期的艰苦奋斗中锻造了鲜明的政治品格，涌现出了无数英雄人物，堪称共产党人的铮铮君子。他们秉持坚定的共产主义信仰，笃守为人民服务的宗旨，光明磊落，无私奉献，以伟大的建党精神为支撑，构筑了井冈山精神、长征精神、遵义会议精神、延安精神、西柏坡精神等中国共产党人的精神谱系，开创了无愧于党和人民、无愧于时代和国家的丰功伟绩！时易世变，我们党不断加强对领导干部的品格教育，锤炼忠诚干净、担当奉献的政治品格。习近平总书记指出，"勇于自我革命，从严管党治党，是我们党最鲜明的品格"（习近平《决胜全面建成小康社会 夺取新时代中国特色社会主义伟大胜利——在中国共产党第十九次全国代表大会上的报告》）。正是得益于此，中国共产党始终走在时代前列、经受住了各种风浪考验，夺取了一个又一个的伟大胜利。进入新时代以来，习近平总书记多次告诫广大党员干部要光明磊落、坦荡无私，并指出这是共产党人的光辉品格，是每一个共产党人都应该锤炼的品质修养。习近平总书记旗帜鲜明地指出，"一百年来，中国共产党弘扬伟大建党精神，在长期奋斗中构建起中国共产党人的精神谱系，锤炼出鲜明的政治品格"（习近平《在庆祝中国共产党成立100周年大会上的讲话》）。新的征程上，我们一定要增强全面从严治党在路上的政治自觉，着力建设德才兼备的高素质干部队伍，坚决清除一切损害党的先进性和纯洁性的因素，清除一切侵蚀党的健康肌体的病毒，确保党在新时代坚持和发展中国特色社会主义的历史进程中始终成为坚强领导核心！党的各级领导干部不仅要知法守法，依法办事，更不能以一己之私曲解和误用国法，不能钻法律的空子，满足一己私欲。

孝弟敬慎，则为君子。暴戾隐贼，则为小人。自今以往，毋狃于故习，国有明罚，吾不得私也。

朕于庶官曷尝不慎,有外似可用而实无才力者,视之若忠孝而包藏悖逆者。

——史料出处:《金史》卷一百一　列传第三十九

原文

尽忠至南京,宣宗释不问弃中都事,仍以为平章政事。尽忠言:"记注之官,奏事不当回避,可令左右司官兼之。"宣宗以为然。尽忠奏应奉翰林文字完颜素兰可为近侍局。宣宗曰:"近侍局例注本局人及官中出身,杂以他色,恐或不和。"尽忠曰:"若给使左右,可止注本局人。既令预政,固宜慎选。"宣宗曰:"何谓预政?"尽忠曰:"中外之事得议论访察,即为预政矣。"宣宗曰:"自世宗、章宗朝许察外事,非自朕始也。如请谒营私,拟除不当,台谏不职,非近侍体察，何由知之？"尽忠乃谢罪。参政德升继之曰："固当慎选其人。"宣宗曰："朕于庶官曷尝不慎，有外似可用而实无才力者，视之若忠孝而包藏悖逆者。蒲察七斤以刺史立功，骤升显贵，辄怀异志。蒲鲜万奴委以辽东，乃复肆乱。知人之难如此，朕敢轻乎！众以蒲察五斤为公干，乃除副使。众以斜烈为淳直，乃用为提点。若乌古论石虎，乃汝等共举之，朕岂不尽心哉！"德升曰："比来访察，开决河堤，水损田禾等，复之皆不实。"上曰："朕自今不敢问若辈，外间事皆不知，朕干何事，但终日默坐听汝等所为矣。方朕有过，汝等不谏，今乃面讦，此岂为臣之义哉！"德升亦谢罪。纥石烈执中之诛，近侍局尝先事启之，遂以为功，阴秉朝政。高琪托此辈以自固。及尽忠、德升面责，愈无所忌。未几，德升罢相，尽忠下狱，自是以后，中外蔽隔，以至于亡。

经典导读

金宣宗对此问题的陈述，源于他和近侍乌古论德升的对话。一般人认为近侍容易滋生祸乱，迷惑君主，但只要能取用有度，近侍仍然能发挥其好的功用。金宣宗对台谏营私失职的掌握就是通过近侍得知的。尽忠说选入近侍局的人要"慎选"并没有错，因为他担心近侍容易干预朝政。只是不能一概而论，先入为主。金宣宗就告诉他，如果负责谏言的都不说，就只能通过近侍得以察其实情。乌古论德升的意思也是如此，但仍然强调要慎选其人。可以说，如何正确选拔和任用人才是一个无法回避的千古难题，金宣宗说"知人之难如此"，其实包含了很深的感慨。很多官员为了逢迎和讨好上级，就会文过饰非，欺蒙君上。如果不能正确予以选拔任用，确实很容易因为误用官员进而造成严重的后果。后来，近侍局因为立功而被宣宗重视，遂窃取朝政，显得肆无忌惮。加之德升罢相、尽忠下狱，最终造成了朝廷和外部相隔绝的情况，直接导致金朝走向了衰亡。

文意阐释

庶官指称各种官职，即百官的意思，也多指较为一般的官员，最早出自《尚书·皋陶谟》，里面讲"兢兢业业，一日二日万几，无旷庶官"。又据《尚书·周书》载："推贤让能，庶官乃和。"宋蔡沈《书集传》注："庶官所治，无非天事。"可见庶官是对一般层面上治理国家的官员的称呼。"朕于庶官曷尝不慎，有外似可用而实无才力者，视之若忠孝而包藏悖逆者。"其意思指的是，作为皇帝对于一般官吏的选拔任用未尝不小心谨慎，其中不乏有表面看起来可用而实际上能力不足者，亦有看起来十分忠孝而内心包藏悖乱叛逆者，凸显了知人选人的不易。

知识拓展

金宣宗所指出的知人选人问题，包括他对此问题的认识基本上是古往今来一切政治都必须严肃对待的。它既是一个选拔人才、任用人才的问题，又是一个关乎政令能否得到如实贯彻落实的问题，当然也关系到治国理政能否取得最佳效果的问题。中国古人也在这个方面凝聚了不少的智慧，形成了关于如何观人、选人的丰富理论体系。如《吕氏春秋》中就讲到了"八观六验"，即"凡论人，通则观其所礼，贵则观其所进，富则观其所养，听则观其所行，止则观其所好，习则观其所言，穷则观其所不受，贱则观其所不为。喜之以验其守，乐之以验其僻，怒之以验其节，惧之以验其持，哀之以验其人，苦之以验其志。八观六验，此贤主之所以论人也"（《吕氏春秋·观人》）。如果能在几个方面获知其为人的情况，就能很准确地判别他是否就是可靠的人选。早在春秋之际的管子也提出，"君之所慎者四：一曰大德不至仁，不可以授国柄。二曰见贤不能让，不可与尊位。三曰罚避亲贵，不可以使主兵。四曰不好本事，不务地利，而轻赋敛，不可与都邑"（《管子·立政第四》）。可知选官首先要考察的是德行，最后才是能力。孔子也说过，"陈力就列，不能者止"（《论语·季氏》），是要告知人们知所进退。如何避免金宣宗所说的问题就必须要严格考核和选拔任用官员，既要考虑到其道德修养问题，又要注重其实际能力，而这其中的考核之术，就显得尤为

朕于庶官曷尝不慎，有外似可用而实无才力者，视之若忠孝而包藏悖逆者。

重要。

中国共产党在长期的革命和建设的进程中积累了大量识人、用人的经验教训，并随着时代的变化而作出了相应的变化和调整。从革命时期采取为委任制、民主推举与选举相结合，以委任制为主的办法，到改革开放以来确定的"四化"原则，即革命化、年轻化、知识化和专业化，再到党的十八大报告提出，坚持五湖四海、任人唯贤，坚持德才兼备、以德为先和坚持注重实绩、群众公认，为我们党科学选人用人指明了方向。可以说，为政之要，唯在得人。在选拔和任用党的各级领导干部时，尤其要擦亮眼睛，严格按照党的有关规章制度进行筛选。党的十八大以来，我们党鲜明提出党的好干部的标准，为了完善用人制度机制，严把选人用人政治关、品行关、能力关、作风关、廉政关，颁发了修订后的《党政领导干部选拔任用工作条例》，进一步推进干部选拔任用工作制度化、规范化、科学化，努力建设一支忠诚干净担当的高素质专业化干部队伍。习近平总书记也多次在不同场合强调，要选拔任用那些敢担当、有责任、对党和人民忠诚的官员，讲到"信念坚定、为民服务、勤政务实、敢于担当、清正廉洁"二十字好干部、"三严三实"、"四有"干部等，都是对历史经验的借鉴和吸取，对于营造风清气正的政治环境，树立正确的用人导向和标准，推动中国梦的实现有着极强的现实意义，需要在此后的工作中予以坚决的贯彻落实。

事若合理，自当奉行，如不可行，死且不避，况截手乎！

——史料出处:《元史》卷一百四十六　列传第三十三

原文

癸卯五月，荧惑犯房，楚材奏曰："当有惊扰，然讫无事。"居无何，朝廷用兵，事起仓卒，后遂令授甲选腹心，至欲西迁以避之。楚材进曰："朝廷天下根本，根本一摇，天下将乱。臣观天道，必无患也。"后数日乃定。后以御宝空纸，付奥都剌合蛮，使自书填行之。楚材曰："天下者先帝之天下。朝廷自有宪章，今欲紊之，臣不敢奉诏。"事遂止。又有旨："凡奥都剌合蛮所建白，令史不为书者，断其手。"楚材曰："国之典故，先帝悉委老臣，令史何与焉。事若合理，自当奉行，如不可行，死且不避，况截手乎！"后不悦。楚材辨论不已，因大声曰："老臣事太祖、太宗三十余年，无负于国，皇后亦岂能无罪杀臣也！"后虽憾之，亦以先朝旧勋，深敬惮焉。

经典导读

耶律楚材是契丹贵族，成吉思汗攻破金中都后收为谋臣，前后效力三十余年，最为著名的是劝谏成吉思汗用儒家思想治国安民，并制定了相应的施政方略，如诏选儒士、编辑经史、恢复孔庙祭祀等，被誉为社稷之臣，死后谥号为文正，对元人影响甚远，在后世也赢得极高的声望。窝阔台就曾对他说："非卿，则中原无今日。朕所以得安枕者，卿之力也。"成吉思汗在世时十分重视耶律楚材，说此人是天赐我家，以后军国庶政，都可以委托给他。但到了乃马真后摄政时，其与耶律楚材不和，多次下诏让耶律楚材做违背祖制之事，说如果不做就砍掉其手。此时耶律楚材说国家大典，先帝曾托付于我，我侍奉太祖、太宗三十多年，不曾有负于国家，皇后又怎么能无罪杀我呢！后来，耶律楚材因不受皇后信任郁郁而终。

文意阐释

"事若合理，自当奉行，如不可行，死且不避，况截手乎"，这句话的意思是，如果事情合理，自当奉行，如果不可行，死都不会回避，更何况是砍掉手呢。这里的"理"，从文义上看，指的就是上文所说的朝廷宪章、国之典故，涉及的都不是一般的事情，所以必须据理力争。当年樊哙在项羽设置的鸿门宴上说："臣死且不避，卮酒安足辞！"于此处义相近。但是，这固然是一种大无畏精神，背后却并没有"理"的支撑，是需要区分的。

知识拓展

尊重和爱惜生命，是人的基本权利和道德要求，也是人生观的重要部分，它不仅是对自己而言的，也是对他者而言的。所以，孔子极力批评那些徒手与老虎搏斗、徒步涉水过河的人，对这种死而无悔之人的做法，他是不赞同的。应该怎么做呢？就是要"临事而惧，好谋而成"，即谨慎对待，细致谋划。孟子说"知命者不立乎岩墙之下"，其本意是要保生而避死。但是，以儒家为代表的传统文化又极力主张杀身成仁、舍生取义。就是在面对任何一件事情时都要遵从道德律法而行动，把道德放在第一位，而不是屈服于外在的权力或利诱。《论语·卫灵公》中记载，"志士仁人，无求生以害仁，有杀身以成仁"，就是要以德为先，不顾身命。荀子也说："义之所在，不倾于权，不顾其利，举国而与之不为改视，重死持义而不桡，是士君子之勇也"（《荀子·荣辱》）！耶律楚材之所以死且不避，就是因为他心中有义，以理为据，所以才不畏惧强权,不害怕压迫,坚持自己的观点而不改。而这正是孟子所说的,"生亦我所欲也,义亦我所欲也。二者不可得兼,舍生而取义者也"(《孟子·告子》)。这些都是值得后人深思明辨而笃行的。

养心莫善于寡欲,审能行之,则心清而身泰矣。

——史料出处:《明史》卷一百二十八 列传第十六

原文

帝剖符封功臣,召濂议五等封爵。宿大本堂,讨论达旦,历据汉、唐故实,量其中而奏之。甘露屡降,帝问灾祥之故。对曰:"受命不于天,于其人,休符不于祥,于其仁。《春秋》书异不书祥,为是故也。"皇从子文正得罪,濂曰:"文正固当死,陛下体亲亲之谊,置诸远地则善矣。"车驾祀方丘,患心不宁,濂从容言曰:"养心莫善于寡欲,审能行之,则心清而身泰矣。"帝称善者良久。尝问以帝王之学,何书为要。濂举《大学衍义》。乃命大书揭之殿两庑壁。顷之御西庑，诸大臣皆在，帝指《衍义》中司马迁论黄、老事，命濂讲析。讲毕，因曰："汉武溺方技谬悠之学，改文、景恭俭之风，民力既敝，然后严刑督之。人主诚以礼义治心，则邪说不入，以学校治民，则祸乱不兴，刑罚非所先也。"

经典导读

宋濂，元末明初人，以诗文著称，与高启、刘基被称为"明初诗文三大家"，被朱元璋誉为"开国文臣之首"。明朝立国所用的礼乐制度，大多出自宋濂之手，其曾主持编撰《元史》，有宋太史之称。后来因为不慎被牵入胡惟庸案，其子宋瓒与孙宋慎被处死，宋濂因马皇后与太子朱标力保才免于一死，被移徙到四川安置，死于途中。明武宗年间，被追谥为文宪。朱元璋曾问宋濂读何书为首要，宋濂就从儒、道两方面予以介绍，谈到养心方面，就举了儒家《孟子》中的寡欲的例子，果能如此行之，就身心安泰了。

文意阐释

"养心莫善于寡欲"，出自《孟子·尽心下》，原文是"养心莫善于寡欲。其为人也寡欲，虽有不存焉者，寡矣。其为人也多欲，虽有存焉者，寡矣"。道家也谈到这个问题，如《道德经》中所说的"见素抱朴，少私寡欲"。"审能行之"，审，确实的意思。心清神泰，又可写作心泰神宁，用来形容心神安定无忧的境界。全句的意思是，养心没有比寡欲更好的了，如果确实能践行，就会内心清宁、神气安泰。

知识拓展

从历史的角度来看，儒、道两家都在修心和治欲方面有不少的记载和论述，关于这一点都可以称之为心性之学。并非一谈到寡欲就是道家，与儒家没有关系。不过从整体上来看，儒家多数强调的是存养、正心，是积极有为的精神，道家则强调的是心斋、虚静，正好互补。因此，从正面来说要养心，尽心知性，抒发人性中向善向上的地方，即人性本善的东西。从反面来说要寡欲，虚其心，克制人们负面的欲望和索求，即克除耳目口舌之贪欲。正是从这个意义上来说，老子提到"祸莫大于不知足，咎莫大于欲得"，要做到不见可欲，从而使百姓心不动乱。可见，谈到养心寡欲，儒、道两家皆有自己的逻辑话语和脉络，并不是截然冲突的，在根本上解决身心的问题，或者说身体和灵魂的问题，最终目标都是要追求人生的圆满和无碍。

通识时变,勇于任事。

——史料出处:《明史》卷二百三 列传第一百一

原文

徐阶以恭勤结主知,器量深沉。虽任智数,要为不失其正。高拱才略自许,负气凌人。及为冯保所逐,柴车即路。倾轧相寻,有自来已。张居正通识时变,勇于任事。神宗初政,起衰振隳,不可谓非干济才。而威柄之操,几于震主,卒致祸发身后。《书》曰"臣罔以宠利居成功",可弗戒哉!

经典导读

张居正(1525—1582),号太岳,因出生于江陵,被称为张江陵。曾任神宗时期的内阁首辅,应该算是明朝最高级别的文官了,辅佐明神宗万历皇帝(1563—1620)推行改革,史称"张居正改革",在历史上赢得了"万历中兴"的美誉。张居正改革与历史上所有的变法、改革一样,尽管各自面对的历史背景和社会条件都不相同,但他们内心所抱定的理想却都大致相同,都想着怎么能发挥自己的聪明才智,努力去解决当时整个国家、社会所面临的种种危机,希望借着一定的手段开辟出新的大好局面,实现繁荣富强的目标。史书称其"通识时变,勇于任事",正是从这个角度而言的。尽管他主张的改革的过程是曲折的,但是张居正仍然无愧于那个时代,无愧于他自己肩负的使命。

文意阐释

通识,即通达之意。时变,这里指的不是《周易·贲卦》中说的"观乎天文,以察时变"的四时的变化,而是时世的变化,即人们常说的时代不同之意。就如《史记·魏其武安侯列传》中所说的"魏其诚不知时变,灌夫无术而不逊,两人相翼,乃成祸乱"。任事,就是担责做事,是说张居正勇于承担事务。韩愈《与郑相公书》中说"孟氏兄弟,在江东未至,先与相识,亦甚循善,所虑才干,不足任事",就是从反面说不足以委任职事的意思。两句合起来说的是,张居正通达时世变化,勇于承担事务。

知识拓展

不用说，张居正的治国能力是数一数二的，这从他主导的改革成就可以看出来。但从其现实中的为人来说，张居正实在是太过于骄横傲慢了，能力有多大，脾气就有多大。从权力的层面来看，张居正想必因为自己做过万历皇帝的老师，又挽救了大明危机，所以一直都没把皇权放在眼里。面对一些官僚对他的阿谀奉承，在明显属于大逆不道的情况下，他也不觉得有什么。那副送给他的著名的对联"日月为明，万国仰大明天子；丘山为岳，四方颂太岳相公"，张居正也没有表现出诚惶诚恐。都知道明朝不设宰相，当一些官员献媚地称他是名相的时候，他居然说我不是宰相，而是摄政。这就近似于狂妄了。他并没有先把当时的制度做一番改变，创造有利于自己改革的制度方案，却在明知不被允许的情况下藐视制度的权威，既可以视为妄图凌驾于制度之上，又可以说是为达目的而不择手段，所以才引起了十分恶劣的影响。以至于那些专门挑刺的言官，同样也对他的改革功业视而不见，就是要揪住他违反制度与法理的一面给予攻击，大肆说他居心叵测，用心险恶。而这也正是史书告诫说"臣罔以宠利居成功"的缘由所在，不能不说是引人深思的。